JORNADA

40 HÁBITOS FINANCEIROS

JORNADA

O plano de 66 dias
para mudar de vida

BILLY IMPERIAL

2020

PREPARAÇÃO E REVISÃO DE TEXTO,   Fabio Brust
ILUSTRAÇÕES, DIAGRAMAÇÃO E CAPA   *Memento Design & Criatividade*

Dados Internacionais de catalogação na Publicação (CIP)
(Câmara Brasileira do Livro, SP, Brasil)

Imperial, Billy
    Jornada : 40 hábitos financeiros : o plano de 66
dias para mudar de vida / Billy Imperial. --
Rio de Janeiro : Ed. do Autor, 2020.

    ISBN 978-65-00-03688-6

    1. Aposentadoria - Planejamento 2. Finanças -
Planejamento 3. Finanças pessoais 4. Investimentos
5. Orçamento doméstico I. Título.

20-42107   CDD-332.024

Índices para catálogo sistemático:
1. Finanças pessoais : Planejamento : Economia financeira 332.024
Cibele Maria Dias - Bibliotecária - CRB-8/9427

1ª edição, 2020

ESTE LIVRO ACOMPANHA CONTEÚDO DE APOIO EXCLUSIVO PARA OS LEITORES.
www.40habitosfinanceiros.com.br

40 HÁBITOS FINANCEIROS

JORNADA

O plano de 66 dias
para mudar de vida

BILLY IMPERIAL

2020

PREPARAÇÃO E REVISÃO DE TEXTO, Fabio Brust
ILUSTRAÇÕES, DIAGRAMAÇÃO E CAPA   *Memento Design & Criatividade*

Dados Internacionais de catalogação na Publicação (CIP)
(Câmara Brasileira do Livro, SP, Brasil)

Imperial, Billy
   Jornada : 40 hábitos financeiros : o plano de 66
dias para mudar de vida / Billy Imperial. --
Rio de Janeiro : Ed. do Autor, 2020.

   ISBN 978-65-00-03688-6

   1. Aposentadoria - Planejamento 2. Finanças -
Planejamento 3. Finanças pessoais 4. Investimentos
5. Orçamento doméstico I. Título.

20-42107   CDD-332.024

Índices para catálogo sistemático:
1. Finanças pessoais : Planejamento : Economia financeira 332.024
Cibele Maria Dias - Bibliotecária - CRB-8/9427

1ª edição, 2020

ESTE LIVRO ACOMPANHA CONTEÚDO DE APOIO EXCLUSIVO PARA OS LEITORES.
www.40habitosfinanceiros.com.br

SUMÁRIO

JORNADA

MINHA MISSÃO

SOMOS PROCRASTINADORES NATOS, e a verdade é que a maioria das pessoas precisa de algum tipo de empurrão para colocar sua vida nos trilhos. Eu já estive nesse grupo de pessoas, e o empurrão que *me* fez sair das dívidas foi uma frase dita em uma palestra da qual participei:

> *"Antes tarde que mais tarde."*

Se você está lendo este atípico livro, provavelmente também precisa de um incentivo. Talvez você seja alguém preocupado com sua saúde financeira ou vive algum estresse nesse sentido, e não se sente seguro em tomar algumas decisões difíceis. *"Será que estou fazendo a coisa certa?"* é um pensamento recorrente quando nos encontramos nesse tipo de situação.

Este livro será o gatilho que ajudará basicamente três tipos de pessoas:

1 Aquelas que querem recuperar sua autonomia financeira, mas não sabem como;

2 Aquelas que querem aprender na prática como alcançar um objetivo financeiro;

3 Aquelas que querem ter certeza de se o que fazem com o dinheiro é a coisa certa.

Essa obra será mais interessante ainda para quem já leu minha obra *40 hábitos financeiros para uma vida melhor*, que tem feito a diferença na vida de milhares de brasileiros. Entretanto, sua leitura não é obrigatória, pois as ferramentas aqui utilizadas podem ser facilmente compreendidas e utilizadas pelo leitor iniciante nesse universo financeiro. Outra coisa: não serão lições repetidas ou teóricas do outro livro. O foco aqui é a prática, o uso dos clássicos papel e caneta. Tampouco é redundante ter os dois livros, pois um complementa o outro. Assim, se você já leu *40 hábitos financeiros* e sentiu dificuldade em praticar o que foi proposto, aqui se encontra a solução. A dica é: se você seguir o programa que recomendo, irá se sentir melhor a respeito de sua situação financeira em questão de semanas.

Dito isto, minha missão é ajudar o maior número de pessoas a atingir seus objetivos, e, para isso, serei o *personal trainer* que conduzirá você na construção de bons hábitos financeiros por meio da repetição diária, em busca de uma vida melhor.

Boa jornada!

Seu amigo, Billy Imperial

"Nós somos aquilo que fazemos repetidamente. Excelência, então, não é um modo de agir, mas um hábito"

WILL DURANT

COMO FUNCIONA ESTE LIVRO

ESTA SERÁ UMA jornada interativa que o guiará ao longo de 66 dias. Um tipo de *workbook* financeiro. Funciona assim: defina uma meta atingível e use as páginas deste planejamento diário para concluir as tarefas necessárias.

Crie planos de ação; projete sua poupança e sua aposentadoria; planeje o pagamento de suas dívidas; inicie um novo negócio; estabeleça metas; elabore seu orçamento doméstico; reflita sobre seu sucesso e desafios.

Todos os dias, ao longo de 66 dias, você se comprometerá a escrever neste livro para aumentar seu compromisso com os objetivos, sonhos ou desejos. Semanalmente você receberá novas informações e motivação para permanecer entusiasmado e avançar na direção do seu objetivo – que poderá ser a conquista de um novo hábito financeiro, a compra de um produto, o planejamento de uma viagem, a diminuição das dívidas ou o que mais for importante para você.

O benefício ao final da jornada será a superação de alguns velhos hábitos e a conquista de novos – que, pela repetição, todos os dias, se tornarão rotina.

Quanto tempo demora para se adquirir um novo hábito? Uma semana? Um mês? Um ano?

A revista científica *European Journal of Social Psychology* tem uma boa resposta. O periódico acadêmico do Reino Unido publicou uma pesquisa comportamental sobre quanto tempo uma pessoa demora para internalizar com sucesso um novo hábito. O estudo "How are habits formed: Modelling habit formation in the real world" ("Como os hábitos são formados: modelando a formação de hábitos no mundo real", em tradução livre) identificou que o tempo médio para adquirir um novo hábito é de 66 dias, com um intervalo de 18 a 254 dias de amostra. É importante entendermos que 66 dias é uma média, e não um resultado definitivo a ser generalizado. No ambiente controlado do estudo, os hábitos mais fáceis levaram menos tempo para se tornarem ações automáticas, em 18 dias; os mais complexos levaram mais tempo, 254 dias.

Podemos, assim, extrair dois valiosos ensinamentos desta pesquisa:

1. A automação aumenta com a repetição do comportamento;

2. A complexidade do comportamento desejado afeta o desenvolvimento do caráter automático.

Quanto tempo eu levarei para adquirir um novo hábito?

Depende da complexidade do hábito que se quer adotar e da sua força de vontade em repetir diariamente uma tarefa.

E se eu não conseguir atingir meu objetivo em 66 dias?

Pense em um braço engessado. Ao retirar o gesso, os movimentos não são recuperados imediatamente; isso leva algum tempo. Mesmo após a sua retirada, o corpo continua tratando o trauma. E assim será com a sua jornada. Se chegar ao último dia sem alcançar o que deseja, lembre-se de que os efeitos do tratamento continuarão, mesmo após a retirada do "gesso".

E se eu perder um dia da jornada?

Ninguém é perfeito. Além disso, às vezes aparecem contratempos complicados na vida que nos fazem perder o rumo, não é mesmo? Apenas volte no dia seguinte e continue.

E se meu objetivo levar muito tempo para ser atingido, como, por exemplo, juntar dinheiro para comprar uma casa própria?

Este livro aponta a direção, mas o caminho deve ser percorrido por você. Se não parar hoje para planejar a compra da sua casa, pode ser que no futuro seja tarde demais.

Lembre-se: assim como uma pequena chave abre uma grande porta, pequenas ações se transformam em grandes resultados no tempo certo.

"Se não eu, quem? Se não agora, quando?"

HILEL, O ANCIÃO

JORNADA

O CAMINHO A SER PERCORRIDO

ESTA OBRA ESTÁ dividida em três partes:

PARTE I
A PREPARAÇÃO | O PORQUÊ

Começaremos com o preenchimento de algumas planilhas de trabalho que nos apresentarão um raio-x financeiro necessário para avançarmos para a segunda parte, foco do trabalho realizado neste livro. Basta seguir as instruções das páginas para que o objetivo seja alcançado.

PARTE II
A EXECUÇÃO EM TRÊS FASES

Existem inúmeras metas e aspectos da vida sobre os quais você poderá escrever nesta etapa: escolha o seu propósito financeiro e execute o plano ao longo de 66 dias ininterruptos. Haverá lembretes ao longo do caminho que agirão como gatilhos para lembrá-lo do que deve ser feito até que se tornem uma atividade natural, feita "no piloto automático". Por exemplo, se você não verifica sua conta bancária com medo de "descobrir" que está no vermelho, mas sabe que deveria acompanhar os débitos e créditos e deseja fazê-lo, deverá registrar o saldo bancário todos os dias no papel como prova da consulta ao saldo do banco. Ou, se a sua meta for se livrar das dívidas, deverá se comprometer a elaborar uma estratégia para quitá-las e acompanhar a execução do plano todos os dias.

O controle diário através da escrita fortalecerá seu senso de responsabilidade com o objetivo proposto. É uma forma de manter o foco no que realmente importa, sem perturbações externas e distrações desnecessárias. Mas não precisa ser perfeito; basta deixar as palavras e dados fluírem para o papel. Ao longo do caminho, você perceberá que a escrita na jornada diária irá variar: às vezes você manterá um processo bem estruturado e detalhado; em outros dias, será bem objetivo, escrevendo apenas o básico. Essa variação é natural.

Além disso, semanalmente você fará uma pausa para refletir sobre os dias que se passaram e receberá uma pequena dose de motivação para os dias seguintes.

PARTE III
MESTRE DO FUTURO

Esta será sua nova vida, passados os 66 dias do projeto. Depois do registro das atividades no papel será o momento ideal para comparar a situação anterior e posterior à jornada, respondendo a pequenas, mas importantes, perguntas – que ficarão registradas para consulta. Sua consciência será potencializada de modo que você fará automaticamente os ajustes contínuos e necessários para garantir seu progresso na área financeira. Você sentirá na prática o benefício de definir uma meta e alcançá-la. Será a hora de se orgulhar dos feitos e até de se presentear para marcar o momento.

A VERDADEIRA MEMÓRIA

"O papel aceita tudo", diria um amigo meu, e o que no papel está escrito fica gravado para sempre. Com o registro da jornada, o seu "eu" do futuro, uma versão aprimorada de quem você é hoje, terá sempre ao alcance da mão um meio de recordar o quanto foi difícil chegar ao patamar alcançado.

Não podemos confiar apenas na memória, que é "coisa oscilante", disse uma vez o "homem de letras" Antoine Albalat. Os esforços empreendidos nesses 66 dias seriam esquecidos se não fossem registrados. Albalat ensina que a primeira condição para fixar o que se quer reter é tomar notas para, depois, ter um modo de recordar. Esta é a *verdadeira memória*.

A PREPARAÇÃO
O PORQUÊ

JORNADA

TODA CRIANÇA TEM curiosidade sobre o funcionamento do mundo à sua volta. Nós, adultos experientes na vida, já não nos deslumbramos mais com coisas corriqueiras. Existe, pois, pergunta mais banal do que "Manhê, por que o céu é azul?", ou mesmo a temida "De onde vêm os bebês?".

Também temos os nossos porquês, mas eles surgem com níveis de incerteza e complexidade elevados:

"Por que existe fome no mundo?"; "Por que há tantos assassinatos no Brasil?"; "Por que algumas empresas despertam lealdade por parte de clientes e funcionários?"; "Por que eu não fiz isso antes?".

ENCONTRE O SEU PORQUÊ

A busca incessante pelo "porquê" conduz as pessoas a encontrarem o verdadeiro objetivo do trabalho que estão executando. Não faz sentido firmar um compromisso ou iniciar um projeto se não se souber o porquê daquilo. E, uma vez entendido o propósito, será mais fácil priorizar seus esforços, determinar os gastos e elaborar estratégias para diminuir despesas e aumentar receitas.

RAIO-X FINANCEIRO

"Independência financeira" significa ter mais renda do que gastos, e o caminho para alcançá-la é pavimentado com alguns princípios que devemos observar se quisermos ter uma vida próspera. Acredito que qualquer um é capaz de se livrar das dívidas e conquistar riqueza seguindo os seguintes princípios:

1. Pensar no longo prazo;

2. Compreender e controlar as despesas;

3. Gastar de forma consciente e poupar com agressividade;

4. Investir com disciplina e não focar na bolsa de valores;

5. Aumentar as fontes de renda.

1 – LONGO PRAZO

O curto prazo costuma ser uma má ideia para a geração de riqueza – não nos deixemos enganar pelo imediatismo. Gastar inteligência para ficar rico rapidamente é pura perda de tempo, e o tempo, caro leitor ou leitora, passa, independentemente de sentimentos e decisões tomadas. Por outro lado, adotando-se uma postura mais realista, podemos alcançar todas as metas, pois entendemos que todo projeto possui um prazo de maturação. Por ora, não precisamos de pressa; queremos apenas ser um pouco mais ricos a cada dia, a cada semana, a cada mês e ano.

2 E 3 – CONTROLE DOS GASTOS E POUPANÇA

Não vejo outra maneira de medirmos nosso desempenho financeiro ao longo do tempo se não por meio de um orçamento doméstico: controlando pagamentos e recebimentos e elaborando táticas para diminuir as despesas e aumentar a poupança. Esta é a estratégia de que precisamos.

Quantas histórias já ouvimos de pessoas que criaram uma empresa no quintal de casa e mais tarde se tornaram donas de um império bilionário? Porém, não atentamos ao fato de que essas mentes brilhantes são poucas, raras exceções. Perceba que, para cada pessoa que ficou rica dessa forma, há milhares que faliram fazendo a mesma coisa. Quando aceitamos isso, entendemos que não podemos ficar reféns de uma ideia ou de uma modalidade de investimentos única, como a bolsa de valores. Não ficaremos ricos com apenas uma tacada, investindo de uma única maneira. Devemos, sim, abrir a mente para várias estratégias de produção de riqueza.

O que eu quero dizer com isso? A ideia é criar o hábito de trabalhar duro para aumentar a renda com receitas adicionais. Por exemplo, quando você decide obter uma renda extra de R$ 10 mil, não precisa ter uma única ideia que valha R$ 10 mil – basta ter várias opções de R$ 100 e repeti-las várias vezes.

Sejamos gratos ao salário que recebemos e dedicados em adicionar, a ele, uma segunda, terceira, quarta renda!

ORÇAMENTO DOMÉSTICO EM FOCO

Existe uma mágica no dinheiro. Quando você o gasta sem planejamento, ele some; quando bem administrado, ele inexplicavelmente não só aparece, como se multiplica. Controlar e planejar o orçamento familiar doméstico é a atividade mais importante que alguém pode executar se quiser ter uma vida financeira estável. Embora seja uma tarefa morosa no início, é, ao mesmo tempo, a mais recompensadora. Sua importância é enorme, e devemos praticá-la ao longo de toda a nossa vida, deixando-a como legado para nossos descendentes.

Este livro propõe o acompanhamento ininterrupto dos gastos e ganhos por 66 dias para que esse planejamento se torne um hábito. Entretanto, a atividade não para por aí.

Na internet, disponibilizei um material de apoio para download. Recomendo fortemente que você baixe a planilha de orçamento pessoal disponível no site

www.40habitosfinanceiros.com.br/leitores

Planeje e controle o seu orçamento através dela por meses a fio. A partir de agora, não pode haver vida fora do orçamento doméstico. Além disso, é muito mais produtivo executar essa tarefa no computador do que repeti-la em uma folha de papel. Mas atenção: este livro contém diversas ferramentas para garantir uma completa mudança de hábitos e atitudes. Para isso, os orçamentos domésticos imediatamente antes do 1º dia e após o 66º dia deverão ser anotados nas páginas próprias para isso, pois os usaremos como indicadores de desempenho.

QUAIS SÃO SEUS OBJETIVOS FINANCEIROS?

(Responda para si mesmo)

A   Pagar as dívidas.

B   Economias para o curto prazo (até cinco anos).

C   Economias para o longo prazo (maior que cinco anos).

D   Formar uma reserva de emergência.

E   Investimentos (multiplicar o patrimônio).

CONTROLE DE INVESTIMENTOS

Está disponível para download pelos leitores uma planilha para controle de investimentos também no endereço de internet www.40habitosfinanceiros.com.br/leitores

DIAGNÓSTICO FINANCEIRO – SUA FOTO ATUAL

Diante de tudo o que foi dito, agora é a hora do seu diagnóstico financeiro. Faremos uma bateria de exames que gerará um resultado por escrito para aplicarmos o tratamento ideal, uma dose precisa para um problema específico. Nas próximas páginas, relembraremos os *40 hábitos financeiros* trabalhados no livro homônimo. Se desejar, marque um "X" na frente dos hábitos que você deseja desenvolver e, em seguida, preencha a ficha informativa do seu projeto pessoal – o porquê. Depois, basta completar os quadros e tabelas que aparecerão no fluxo da leitura para encerrarmos essa importante etapa.

LISTA DOS
40 HÁBITOS FINANCEIROS

HÁBITOS PARA DEVEDORES

- HF #1. Torne-se consciente do quanto você deve.
- HF #2. Diferencie as dívidas boas das ruins.
- HF #3. Concentre suas energias em pagar suas dívidas.
- HF #4. Elimine o excesso de itens que você possui, mas não usa.
- HF #5. Estabeleça barreiras para não ter recaídas.
- HF #6. Remova completamente a emoção de sua vida financeira.
- HF #7. Controle seu cartão de crédito.
- HF #8. Pague as contas em dia.
- HF #9. Corte agressivamente as despesas.
- HF #10. Não empreste dinheiro a parentes (se puder, doe).
- HF #11. Avalie suas finanças com frequência.
- HF #12. Compre sempre à vista.
- HF #13. Aprenda a separar as coisas vitais das triviais.
- HF #14. Crie um sistema para sempre anotar as despesas.
- HF #15. Utilize seu tempo para solucionar problemas.
- HF #16. Evite ser influenciado por pessoas.
- HF #17. Pague as dívidas antes de pensar em poupar.

HÁBITOS PARA POUPADORES

- HF #18. Estabeleça metas, mas pense nos benefícios.
- HF #19. Gaste melhor o seu dinheiro.
- HF #20. Viva de maneira econômica no uso dos recursos disponíveis.
- HF #21. Nunca dependa do dinheiro poupado.
- HF #22. Crie o "Dia do Gasto Zero".
- HF #23. Experimente atividades gratuitas.
- HF #24. Aprenda a dizer "não".
- HF #25. Ao receber o salário, poupe, depois gaste.
- HF #26. Invista no Tesouro Direto.
- HF #27. Olhe sua conta bancária com frequência.
- HF #28. Crie metas diárias, semanais, mensais e anuais.

HÁBITOS PARA INVESTIDORES

- HF #29. Trabalhe duro para gerar mais renda.
- HF #30. Invista em educação financeira.
- HF #31. Proteja o seu dinheiro.
- HF #32. Tenha mais horas de sono.
- HF #33. Escolha o investimento certo para o objetivo certo.
- HF #34. Leia mais.
- HF #35. Seja autodidata.
- HF #36. Seja como o Google para as pessoas.
- HF #37. Tenha dez ideias por dia.
- HF #38. Seja um madrugador.
- HF #39. Pense o quanto antes na aposentadoria.
- HF #40. Acompanhe seu progresso.

MEU OBJETIVO / HÁBITO FINANCEIRO EM 66 DIAS

Meu objetivo em 66 dias

Criar o hábito de poupar

Objetivo intermediário #1

Poupar R$ 100,00 até o fim do mês

Objetivo intermediário #2

Controlar melhor as minhas finanças

Objetivo intermediário #3

Ler mais

De quem você precisa, ou quem irá ajudá-lo:

1 – Marido / Esposa

2 –

3 –

Quais são seus maiores obstáculos:

1 – Cansaço

2 – Tecnologia do banco

3 –

Quais são suas estratégias ou ferramentas para atingir seu objetivo:

Irei semanalmente poupar R$ 25,00. Ao mesmo tempo, vou iniciar o meu orçamento doméstico mensal e tentar reduzir gastos com o cartão de crédito para aumentar a minha poupança.

Minha tarefa em 24 horas

Abrir uma poupança

Minha tarefa em 72 horas

Poupar R$ 20,00

Minha tarefa em 7 dias

Baixar a planilha de orçamento no site

Minha tarefa em 21 dias

Investir no Tesouro Selic

Minha tarefa em 30 dias

Poupar R$ 80,00

Minha tarefa em 60 dias

Poupar R$ 100,00 ou mais

EU CRIEI O HÁBITO DE POUPAR

MEU OBJETIVO / HÁBITO FINANCEIRO EM 66 DIAS

Meu objetivo em 66 dias

____

____

Objetivo intermediário #1

____

____

Objetivo intermediário #2

____

____

Objetivo intermediário #3

____

____

De quem você precisa,
ou quem irá ajudá-lo:

1 – _______________________

2 – _______________________

3 – _______________________

Quais são seus
maiores obstáculos:

1 – _______________________

2 – _______________________

3 – _______________________

Quais são suas estratégias ou ferramentas para atingir seu objetivo:

____

____

____

____

____

Minha tarefa em 24 horas

____

____

____

Minha tarefa em 7 dias

____

____

____

Minha tarefa em 30 dias

____

____

____

Minha tarefa em 72 horas

____

____

____

Minha tarefa em 21 dias

____

____

____

Minha tarefa em 60 dias

____

____

____

CALCULE SEU CUSTO DE VIDA MENSAL

DESPESAS FIXAS

R$ ________________ – Aluguel / Financiamento

R$ ________________ – Condomínio

R$ ________________ – Telefone

R$ ________________ – Outras prestações

R$ ________________ – Diarista / Mensalista

R$ ________________ – Plano de saúde

R$ ________________ – Estudos / Colégio / Faculdade

R$ ________________ – Seguros

R$ ________________ – Estacionamento

R$ ________________ – Internet / TV

R$ ________________ – Empréstimos consignados

R$ ________________ – ________________________________

R$ ________________ – ________________________________

R$ ________________ – ________________________________

R$ ________________ – ________________________________

R$ ________________ – ________________________________

R$ ________________ – ________________________________

R$ ________________ – ________________________________

R$ ________________ – ________________________________

R$ ________________ – **TOTAL**

DESPESAS VARIÁVEIS

R$ _________________ – Cartão de crédito

R$ _________________ – Luz

R$ _________________ – Água

R$ _________________ – Gás

R$ _________________ – Supermercado / Feira

R$ _________________ – Medicamentos

R$ _________________ – Combustível / Transportes

R$ _________________ – Cabeleireiro / Barbeiro / Manicure

R$ _________________ – Academia

R$ _________________ – Restaurantes

R$ _________________ – Cinema / Teatro

R$ _________________ – Vestuário

R$ _________________ – Presentes

R$ _________________ – Viagens

R$ _________________ – _______________________________________

R$ _________________ – _______________________________________

R$ _________________ – _______________________________________

R$ _________________ – _______________________________________

R$ _________________ – _______________________________________

R$ _________________ – _______________________________________

R$ _________________ – _______________________________________

R$ _________________ **– TOTAL**

CALCULE SUAS RECEITAS MENSAIS

R$ _________________ – Saldo do mês anterior

R$ _________________ – Salário / Pensão

R$ _________________ – Aluguel

R$ _________________ – Hora extra

R$ _________________ – Férias

R$ _________________ – 13º salário

R$ _________________ – _________________

R$ _________________ – _________________

R$ _________________ – _________________

R$ _________________ – _________________

R$ _________________ – _________________

SALDO MENSAL ATUAL

Saldo = Receitas – Despesas fixas – Despesas variáveis

Receitas _________________ R$ _________________

Despesas fixas _________________ R$ _________________

Despesas variáveis _________________ R$ _________________

Saldo mensal _________________ **R$** _________________

Saldo negativo – reveja seus hábitos de consumo:

Separe o essencial do trivial e faça cortes;

Aumente sua renda;

Venda alguns ativos·

Saldo positivo – comece a formar uma reserva de emergência.

DÍVIDAS SE PAGAM COM DISCIPLINA

Dívidas, de maneira geral, são contas a pagar. Mas estamos nos referindo, agora, ao saldo devedor, pago em parcelas mensais, a uma taxa de juros "x%". Essa taxa incide sobre empréstimos, financiamentos e parcelamentos.

Você se encaixa em algumas dessas situações? Então o próximo exercício será encarar a realidade e listar todas as suas dívidas.

TABELA DE DÍVIDAS

Descrição	Valor total R$	Parcela mensal R$	Taxa mensal %	Data de fim
				__/__/__
				__/__/__
				__/__/__
				__/__/__
				__/__/__
				__/__/__
Total				

SUGESTÕES PARA REDUZIR DESPESAS

1 – _Cortar gastos de cartão de crédito_

2 –

3 –

4 –

5 –

6 –

7 –

8 –

9 –

10 –

11 –

12 –

LISTA DO DESAPEGO – ELIMINE OS EXCESSOS

Itens que possuo e posso vender	Valor da venda	Mês da venda

Observação: O valor recebido pela venda deve ser contabilizado como receita no seu orçamento mensal para pagamento de dívidas.

ÍNDICE DE ENDIVIDAMENTO

Tudo o que fizemos até agora foi importante para calcularmos dois indicadores financeiros:

Custo de Vida: todas as suas despesas no mês (gastos fixos + variáveis);

Índice de Endividamento (IE): mede a porcentagem de renda mensal comprometida com o pagamento de dívidas. Uma pessoa financeiramente saudável mantém esse índice abaixo dos 30%, conforme orientação da Associação Brasileira de Planejadores Financeiros. Pessoas com IE acima desse valor já perderam ou estão muito perto de perder o controle financeiro.

$$\text{Índice de Endividamento} = \frac{\text{Montante mensal das dívidas}}{\text{Renda mensal}} \times 100$$

CALCULE O SEU ÍNDICE DE ENDIVIDAMENTO

$$\frac{\text{Montante mensal das dívidas}}{\text{Renda mensal}} = \underline{\hspace{4cm}} \times 100$$

Índice de Endividamento (IE) =   %

Exemplo: A renda mensal de Cíntia é de R$ 5000, e o montante mensal das parcelas das dívidas (empréstimos, financiamentos e parcelamentos) soma R$ 1500. O índice de endividamento de Cíntia é $\dfrac{1500}{5000}$ = 0,30 × 100 = **30%**

Não há certeza maior do que a de que imprevistos acontecem. Sim, eles sempre acontecem. Diante do risco iminente de redução de renda, desemprego, doença ou problemas domésticos, surge-nos uma pergunta: quanto tempo deve durar uma reserva financeira quando ou se a minha renda cessar de vez? Dez dias, um mês, três meses?

Sabemos que acumular uma reserva exige tempo e determinação, mas esse é um passo necessário para a manutenção do bem-estar em tempos difíceis. Estima-se que o valor ideal varie entre 3 e 6 meses do seu custo de vida mensal. Ou seja, a quantia deve ser capaz de suportar seus gastos ou de sua família por, pelo menos, três meses, supondo que nesse período não se receba salário algum. Uma pessoa com gastos mensais de R$ 3 mil, por exemplo, deve ter guardado um valor de R$ 9 mil a R$ 18 mil.

Com o custo mensal já calculado, escreva no quadro abaixo o valor ideal que você deve ter guardado para compor sua reserva de emergência e persiga esse número.

3 meses <   R$ **> 6 meses**

DESAFIOS DE POUPANÇA

Poupar deve ser um hábito presente no nosso cotidiano, seja para comprar um produto à vista, planejar um viagem ou formar nossa reserva de emergência. O plano é o seguinte: deixa-se de comprar algumas coisas boas hoje para se comprar coisas excepcionais no futuro. Com isso em mente, vou propor três desafios para ajudá-lo a adotar o hábito de poupar, caso ainda não o tenha. Escolha pelo menos um para se desafiar.

DESAFIO 1 – ESCOLHA UM VALOR OU PRODUTO E POUPE

Determine uma meta de poupança e faça aportes semanais até alcançá-la. Podemos, ainda, apimentar o desafio. Ao invés de definir um valor, escolha um produto, junte dinheiro toda semana e o compre à vista, com desconto.

DESAFIO 2 – POUPANÇA + 1%

A regra é clara: no primeiro mês, poupe o equivalente a 1% do seu salário. No segundo mês, 2%. No terceiro... você já sabe. Depois de um ano, você estará poupando 12% do seu salário. Fácil, não é?

DESAFIO 3 – POUPANÇA + R$ 1

Aplique R$ 1 na primeira semana, R$ 2 na segunda e assim por diante. Basta aumentar o valor em R$ 1 a cada semana, por 48 semanas seguidas. Isso quer dizer que o valor máximo que você terá que desembolsar na última semana será de R$ 48. Uma quantia pequena, frente ao montante final. Embora pareça que no fim o valor será uma mixaria, você se surpreenderá com a cifra de R$ 1176,00 poupados.

DESAFIO 1 – META DE POUPANÇA

Eu pouparei R$_________________ por semana pelos próximos

____________ meses para _________________________________

____.

Depósito		Total
Semana 1	R$	R$
Semana 2	R$	R$
Semana 3	R$	R$
Semana 4	R$	R$
Semana 5	R$	R$
Semana 6	R$	R$
Semana 7	R$	R$
Semana 8	R$	R$
Semana 9	R$	R$
Semana 10	R$	R$
Semana 11	R$	R$
Semana 12	R$	R$
Semana 13	R$	R$
Semana 14	R$	R$
Semana 15	R$	R$
Semana 16	R$	R$
Semana 17	R$	R$
Semana 18	R$	R$
Semana 19	R$	R$
Semana 20	R$	R$
Semana 21	R$	R$
Semana 22	R$	R$
Semana 23	R$	R$
Semana 24	R$	R$

Depósito		Total
Semana 25	R$	R$
Semana 26	R$	R$
Semana 27	R$	R$
Semana 28	R$	R$
Semana 29	R$	R$
Semana 30	R$	R$
Semana 31	R$	R$
Semana 32	R$	R$
Semana 33	R$	R$
Semana 34	R$	R$
Semana 35	R$	R$
Semana 36	R$	R$
Semana 37	R$	R$
Semana 38	R$	R$
Semana 39	R$	R$
Semana 40	R$	R$
Semana 41	R$	R$
Semana 42	R$	R$
Semana 43	R$	R$
Semana 44	R$	R$
Semana 45	R$	R$
Semana 46	R$	R$
Semana 47	R$	R$
Semana 48	R$	R$

DESAFIO 2 – POUPANÇA +1%

Salário mensal =   R$

	Depósito	**Total**
Mês 1	1% = R$	R$
Mês 2	2% = R$	R$
Mês 3	3% = R$	R$
Mês 4	4% = R$	R$
Mês 5	5% = R$	R$
Mês 6	6% = R$	R$
Mês 7	7% = R$	R$
Mês 8	8% = R$	R$
Mês 9	9% = R$	R$
Mês 10	10% = R$	R$
Mês 11	11% = R$	R$
Mês 12	12% = R$	R$

Valor final poupado =   R$

DESAFIO 3 – POUPANÇA + R$ 1

Meta de poupança = R$ 1176,00

Depósito		Total
Semana 1	R$ 1,00	R$ 1,00
Semana 2	R$ 2,00	R$ 3,00
Semana 3	R$ 3,00	R$ 6,00
Semana 4	R$ 4,00	R$ 10,00
Semana 5	R$ 5,00	R$ 15,00
Semana 6	R$ 6,00	R$ 21,00
Semana 7	R$ 7,00	R$ 28,00
Semana 8	R$ 8,00	R$ 36,00
Semana 9	R$ 9,00	R$ 45,00
Semana 10	R$ 10,00	R$ 55,00
Semana 11	R$ 11,00	R$ 66,00
Semana 12	R$ 12,00	R$ 78,00
Semana 13	R$ 13,00	R$ 91,00
Semana 14	R$ 14,00	R$ 105,00
Semana 15	R$ 15,00	R$ 120,00
Semana 16	R$ 16,00	R$ 136,00
Semana 17	R$ 17,00	R$ 153,00
Semana 18	R$ 18,00	R$ 171,00
Semana 19	R$ 19,00	R$ 190,00
Semana 20	R$ 20,00	R$ 210,00
Semana 21	R$ 21,00	R$ 231,00
Semana 22	R$ 22,00	R$ 253,00
Semana 23	R$ 23,00	R$ 276,00
Semana 24	R$ 24,00	R$ 300,00

Depósito		Total
Semana 25	R$ 25,00	R$ 325,00
Semana 26	R$ 26,00	R$ 351,00
Semana 27	R$ 27,00	R$ 378,00
Semana 28	R$ 28,00	R$ 406,00
Semana 29	R$ 29,00	R$ 435,00
Semana 30	R$ 30,00	R$ 465,00
Semana 31	R$ 31,00	R$ 496,00
Semana 32	R$ 32,00	R$ 528,00
Semana 33	R$ 33,00	R$ 561,00
Semana 34	R$ 34,00	R$ 595,00
Semana 35	R$ 35,00	R$ 630,00
Semana 36	R$ 36,00	R$ 666,00
Semana 37	R$ 37,00	R$ 703,00
Semana 38	R$ 38,00	R$ 741,00
Semana 39	R$ 39,00	R$ 780,00
Semana 40	R$ 40,00	R$ 820,00
Semana 41	R$ 41,00	R$ 861,00
Semana 42	R$ 42,00	R$ 903,00
Semana 43	R$ 43,00	R$ 946,00
Semana 44	R$ 44,00	R$ 990,00
Semana 45	R$ 45,00	R$ 1035,00
Semana 46	R$ 46,00	R$ 1081,00
Semana 47	R$ 47,00	R$ 1128,00
Semana 48	R$ 48,00	R$ 1176,00

Observação: Pinte cada célula da planilha ao efetuar o depósito.

LIVROS

Avaliação ⭐⭐⭐⭐⭐

Avaliação ⭐⭐⭐⭐⭐

Avaliação ⭐⭐⭐⭐⭐

Avaliação ⭐⭐⭐⭐⭐

Avaliação ⭐⭐⭐⭐⭐

Avaliação ⭐⭐⭐⭐⭐

Avaliação ⭐⭐⭐⭐⭐

Avaliação ⭐⭐⭐⭐⭐

Avaliação ⭐⭐⭐⭐⭐

COMPROMISSO

Não importa o que acontecer,
mesmo que o cansaço e a correria tentem me impedir,
nos piores ou melhores dias,

me comprometo a completar minha jornada
de 66 dias como um relógio que não atrasa,
pois entendo que sou responsável pelo meu
futuro e tenho prioridades inadiáveis.

Sou uma pessoa digna e mereço ter uma vida
feliz, repleta de realizações, ao lado de quem amo.

Tenho sonhos e iniciarei um plano
concreto para alcançá-los.

Minha palavra vale ouro e, como chancela para
comprovar meu trato, assumo este compromisso.

DATA ____/____/______

ASSINATURA ____________________

A EXECUÇÃO EM TRÊS FASES

FASE 1
Dias 1–7

FASE 2
Dias 8–21

FASE 3
Dias 22–66

JORNADA

FASE 1:
A JORNADA

AQUELE QUE SE prepara para uma jornada sabe, dentro de si, que o destino já foi alcançado – resta apenas percorrer o caminho. Quando iniciamos um projeto, é importante termos nas nossas mentes imagens que ilustrem as conquistas futuras. Esse exercício é importante para rompermos com a rotina vigente – com o *status quo*.

Essa expressão surgiu como uma frase, que pode ser traduzida como "no estado em que as coisas estavam antes da guerra". Ou seja, enquanto a vida seguia seu curso, algo relevante aconteceu a ponto de alterar o rumo das coisas. E aqui estamos, prontos para romper com velhos hábitos.

Pensemos, agora, nos nossos "eus" do futuro. Eles serão os mesmos de hoje, se não modificarmos o *status quo*. Mas tenhamos em mente uma simples ideia:

> *Se nada fizer, amanhã você será exatamente a mesma pessoa de hoje. Para que amanhã seja diferente, é preciso mudar.*

Por ora, não precisamos de grandes mudanças – precisamos apenas começar, e, talvez, essa seja a fase mais difícil da jornada. Esse é o momento de rupturas e incertezas.

"Será que vai dar certo? Não vou perder meu tempo?"

Esqueça isso!

Você sabe qual é a melhor parte de se alcançar uma conquista? Quando se colhem dela os benefícios. Para tanto, vamos focar na vitória e seguir em frente.

JORNADA

DIA 1

DATA ____/____/______

💤 ANÁLISE DO SONO

Na última noite, dormi às __________, e hoje acordei às __________.

Hoje, dormirei às __________, e amanhã acordarei às __________.

⏳ Em ________ eu irei:

____

✔️ Minha tarefa mais importante da semana é:

____

✔️ Minha tarefa mais importante de hoje é:

____

✏️ Para cumpri-la, executarei ao menos estas três tarefas: *Feito?*

1 – ____ ▢

2 – ____ ▢

3 – ____ ▢

💣 Duas distrações para minimizar hoje:

1 – ____

2 – ____

📈 Habilidades que preciso desenvolver:

____

____

Mural de ideias e sugestões:

1 – _______________________   6 – _______________________
2 – _______________________   7 – _______________________
3 – _______________________   8 – _______________________
4 – _______________________   9 – _______________________
5 – _______________________   10 – _______________________

HÁBITOS

	Feito?		Feito?
Leitura diária		Sugestão para reduzir despesas	
Poupança		Sugestão para aumentar a renda	
Reserva de emergência		Lista do desapego	
Orçamento doméstico		Investimentos	

SALDO BANCÁRIO   R$

PAGAMENTOS E DOAÇÕES

Item	Valor
	R$
	R$
	R$
	R$
	R$
	R$
	R$
Total	R$

MINHAS RECEITAS

Item	Valor
	R$
	R$
	R$
	R$
	R$
	R$
	R$
Total	R$

DIA 2

DATA ____/____/______

💤 ANÁLISE DO SONO

Na última noite, dormi às __________, e hoje acordei às __________.

Hoje, dormirei às __________, e amanhã acordarei às __________.

⏳ Em 64 dias eu irei:

____

✓ Minha tarefa mais importante da semana é:

____

✓ Minha tarefa mais importante de hoje é:

____

✎ Para cumpri-la, executarei ao menos estas três tarefas: *Feito?*

1 – ____ ▪

2 – ____ ▪

3 – ____ ▪

💣 Duas distrações para minimizar hoje:

1 – ____

2 – ____

📊 Habilidades que preciso desenvolver:

____

____

💡 Mural de ideias e sugestões:

1 – __________________	6 – __________________
2 – __________________	7 – __________________
3 – __________________	8 – __________________
4 – __________________	9 – __________________
5 – __________________	10 – _________________

HÁBITOS

	Feito?		Feito?
Leitura diária		Sugestão para reduzir despesas	
Poupança		Sugestão para aumentar a renda	
Reserva de emergência		Lista do desapego	
Orçamento doméstico		Investimentos	

💰 SALDO BANCÁRIO   R$

PAGAMENTOS E DOAÇÕES		MINHAS RECEITAS	
Item	Valor	Item	Valor
	R$		R$
	R$		R$
	R$		R$
	R$		R$
	R$		R$
	R$		R$
	R$		R$
Total	R$	Total	R$

DIA 3

DATA _____/_____/______

💤 ANÁLISE DO SONO

Na última noite, dormi às __________, e hoje acordei às __________.

Hoje, dormirei às __________, e amanhã acordarei às __________.

⏳ Em 63 dias eu irei:

____

✅ Minha tarefa mais importante da semana é:

____

✅ Minha tarefa mais importante de hoje é:

____

✍️ Para cumpri-la, executarei ao menos estas três tarefas: *Feito?*

1 – ____

2 – ____

3 – ____

💣 Duas distrações para minimizar hoje:

1 – ____

2 – ____

📊 Habilidades que preciso desenvolver:

____

____

💡 Mural de ideias e sugestões:

1 – _______________________   6 – _______________________
2 – _______________________   7 – _______________________
3 – _______________________   8 – _______________________
4 – _______________________   9 – _______________________
5 – _______________________   10 – ______________________

HÁBITOS

	Feito?		Feito?
Leitura diária		Sugestão para reduzir despesas	
Poupança		Sugestão para aumentar a renda	
Reserva de emergência		Lista do desapego	
Orçamento doméstico		Investimentos	

💰 SALDO BANCÁRIO   R$

PAGAMENTOS E DOAÇÕES		MINHAS RECEITAS	
Item	Valor	Item	Valor
	R$		R$
	R$		R$
	R$		R$
	R$		R$
	R$		R$
	R$		R$
	R$		R$
Total	R$	Total	R$

DIA 4

💤 ANÁLISE DO SONO

Na última noite, dormi às __________, e hoje acordei às __________.

Hoje, dormirei às __________, e amanhã acordarei às __________.

⏳ Em 62 dias eu irei:

____

☑ Minha tarefa mais importante da semana é:

____

☑ Minha tarefa mais importante de hoje é:

____

✎ Para cumpri-la, executarei ao menos estas três tarefas: *Feito?*

1 – ____

2 – ____

3 – ____

💣 Duas distrações para minimizar hoje:

1 – ____

2 – ____

📊 Habilidades que preciso desenvolver:

____

____

Mural de ideias e sugestões:

1 – _______________________
2 – _______________________
3 – _______________________
4 – _______________________
5 – _______________________

6 – _______________________
7 – _______________________
8 – _______________________
9 – _______________________
10 – ______________________

HÁBITOS

Leitura diária
Poupança
Reserva de emergência
Orçamento doméstico

Sugestão para reduzir despesas
Sugestão para aumentar a renda
Lista do desapego
Investimentos

SALDO BANCÁRIO   R$

PAGAMENTOS E DOAÇÕES		MINHAS RECEITAS	
Item	Valor	Item	Valor
	R$		R$
	R$		R$
	R$		R$
	R$		R$
	R$		R$
	R$		R$
	R$		R$
Total	R$	Total	R$

DIA 5

DATA ___ / ___ / _____

💤 ANÁLISE DO SONO

Na última noite, dormi às _________, e hoje acordei às _________.

Hoje, dormirei às _________, e amanhã acordarei às _________.

⧗ Em 61 dias eu irei:

____

✅ Minha tarefa mais importante da semana é:

____

✅ Minha tarefa mais importante de hoje é:

____

🖊 Para cumpri-la, executarei ao menos estas três tarefas: Feito?

1 – ____

2 – ____

3 – ____

💣 Duas distrações para minimizar hoje:

1 – ____

2 – ____

📊 Habilidades que preciso desenvolver:

____

____

Mural de ideias e sugestões:

1 – ___________________________ 6 – ___________________________

2 – ___________________________ 7 – ___________________________

3 – ___________________________ 8 – ___________________________

4 – ___________________________ 9 – ___________________________

5 – ___________________________ 10 – __________________________

HÁBITOS

Leitura diária

Poupança

Reserva de emergência

Orçamento doméstico

Sugestão para reduzir despesas

Sugestão para aumentar a renda

Lista do desapego

Investimentos

SALDO BANCÁRIO   R$

PAGAMENTOS E DOAÇÕES		MINHAS RECEITAS	
Item	Valor	Item	Valor
	R$		R$
	R$		R$
	R$		R$
	R$		R$
	R$		R$
	R$		R$
	R$		R$
Total	R$	Total	R$

DIA 6

DATA ____/____/______

💤 ANÁLISE DO SONO

Na última noite, dormi às _________, e hoje acordei às _________.

Hoje, dormirei às _________, e amanhã acordarei às _________.

⌛ Em 60 dias eu irei:

____

✅ Minha tarefa mais importante da semana é:

____

✅ Minha tarefa mais importante de hoje é:

____

✍️ Para cumpri-la, executarei ao menos estas três tarefas: *Feito?*

1 – ____ ☐

2 – ____ ☐

3 – ____ ☐

💣 Duas distrações para minimizar hoje:

1 – ____

2 – ____

📊 Habilidades que preciso desenvolver:

____

____

Mural de ideias e sugestões:

1 – ____
2 – ____
3 – ____
4 – ____
5 – ____

6 – ____
7 – ____
8 – ____
9 – ____
10 – ____

HÁBITOS

Feito?

Leitura diária

Poupança

Reserva de emergência

Orçamento doméstico

Feito?

Sugestão para reduzir despesas

Sugestão para aumentar a renda

Lista do desapego

Investimentos

SALDO BANCÁRIO   R$

PAGAMENTOS E DOAÇÕES		MINHAS RECEITAS	
Item	Valor	Item	Valor
	R$		R$
	R$		R$
	R$		R$
	R$		R$
	R$		R$
	R$		R$
	R$		R$
Total	R$	Total	R$

DIA 7

DATA ____/____/______

⚡ ANÁLISE DO SONO

Na última noite, dormi às __________, e hoje acordei às __________.

Hoje, dormirei às __________, e amanhã acordarei às __________.

⏳ Em 59 dias eu irei:

____

✅ Minha tarefa mais importante da semana é:

____

✅ Minha tarefa mais importante de hoje é:

____

✍ Para cumpri-la, executarei ao menos estas três tarefas: *Feito?*

1 – ____________________________________

2 – ____________________________________

3 – ____________________________________

💣 Duas distrações para minimizar hoje:

1 – ____________________________________

2 – ____________________________________

📈 Habilidades que preciso desenvolver:

____

____

Mural de ideias e sugestões:

1 – __________________________ 6 – __________________________
2 – __________________________ 7 – __________________________
3 – __________________________ 8 – __________________________
4 – __________________________ 9 – __________________________
5 – __________________________ 10 – ________________________

HÁBITOS

Leitura diária

Poupança

Reserva de emergência

Orçamento doméstico

Sugestão para reduzir despesas

Sugestão para aumentar a renda

Lista do desapego

Investimentos

SALDO BANCÁRIO R$ ______________________

PAGAMENTOS E DOAÇÕES		MINHAS RECEITAS	
Item	Valor	Item	Valor
	R$		R$
	R$		R$
	R$		R$
	R$		R$
	R$		R$
	R$		R$
	R$		R$
Total	R$	Total	R$

1ª SEMANA – RETROSPECTIVA

☑ Eu cumpri minhas metas da semana?   Sim   Não   Quase

☆ Como avalio minha disciplina? ☆ ☆ ☆ ☆ ☆

♛ Desafio de poupança semanal: R$ _______   +1%   +R$ 1

Meus gastos semanais	Minha receita semanal
R$	R$

⚑ Rastreador de hábitos:

Hábitos	S	T	Q	Q	S	S	D
Leitura diária							
Poupança							
Reserva de emergência							
Orçamento doméstico							
Sugestão para reduzir despesas							
Sugestão para aumentar a renda							
Lista do desapego							
Investimentos							
Saldo bancário							

💡 Melhores ideias que tive e ações com resultados positivos:

FASE 1
CONQUISTADA

A EXECUÇÃO EM TRÊS FASES

FASE 1
Dias 1–7

FASE 2
Dias 8–21

FASE 3
Dias 22–66

JORNADA

FASE 2: PROVAS, ALIADOS E INIMIGOS

A PRIMEIRA SEMANA foi um "quebra-gelo" para romper com o ambiente confortável a que estávamos acostumados. De agora em diante, assumiremos o papel de protagonistas de nossas histórias, como heróis que aceitam o perigo e decidem enfrentá-lo em sua jornada.

Então, no que devemos nos focar agora? No "espaço", lógico! E, correndo o risco de parecer o "Capitão Óbvio", a ideia é simples: aumentar o espaço entre o que você ganha e gasta. Apesar de sabermos que podemos economizar no cafezinho ou ficar em casa num sábado à noite ao invés de sair para uma festa ou jantar, adotar bons hábitos financeiros significa liberdade, não privação.

Somos muito bons em traçar estratégias para economizar nos gastos, mas não em elaborar outras para fazer dinheiro. Por isso o foco nesse "espaço" é tão importante. Uma pessoa que ganha R$ 2000 e gasta R$ 1900 consegue poupar R$ 100. Ela poderia economizar mais, se gastasse menos – ou seja, privando-se. Porém, se encontrar uma maneira de aumentar seu salário em R$ 100, o saldo aumentará para R$ 200 sem que haja privação de alguns prazeres da vida. Portanto, devemos ser tão bons no ataque quanto na defesa.

Daqui para frente, quero que você seja um cão farejador de oportunidades de aumentar renda e diminuir despesas, e uma boa ferramenta para isso é o mural de ideias. Anote dez por dia, mesmo que, numa primeira análise, elas pareçam ruins. Ao final da jornada, você terá uma ampla gama de ideias; depois, se as coisas ficarem complicadas, basta recorrer à sua lista e dar chance a uma dessas ideias.

JORNADA

DIA 8

DATA ____/____/______

💤 ANÁLISE DO SONO

Na última noite, dormi às __________, e hoje acordei às __________.
Hoje, dormirei às __________, e amanhã acordarei às __________.

⏳ Em 58 dias eu irei:

____

☑ Minha tarefa mais importante da semana é:

____

☑ Minha tarefa mais importante de hoje é:

____

✍ Para cumpri-la, executarei ao menos estas três tarefas: *Feito?*

1 – ____ ▢

2 – ____ ▢

3 – ____ ▢

💣 Duas distrações para minimizar hoje:

1 – ____

2 – ____

📈 Habilidades que preciso desenvolver:

____

____

Mural de ideias e sugestões:

1 – _______________________   6 – _______________________
2 – _______________________   7 – _______________________
3 – _______________________   8 – _______________________
4 – _______________________   9 – _______________________
5 – _______________________   10 – ______________________

HÁBITOS

	Feito?		Feito?
Leitura diária		Sugestão para reduzir despesas	
Poupança		Sugestão para aumentar a renda	
Reserva de emergência		Lista do desapego	
Orçamento doméstico		Investimentos	

SALDO BANCÁRIO   R$

PAGAMENTOS E DOAÇÕES		MINHAS RECEITAS	
Item	Valor	Item	Valor
	R$		R$
	R$		R$
	R$		R$
	R$		R$
	R$		R$
	R$		R$
	R$		R$
Total	R$	Total	R$

DIA 9

💤 ANÁLISE DO SONO

Na última noite, dormi às __________, e hoje acordei às __________ .

Hoje, dormirei às __________, e amanhã acordarei às __________ .

⏳ **Em 57 dias eu irei:**

____

✅ **Minha tarefa mais importante da semana é:**

____

✅ **Minha tarefa mais importante de hoje é:**

____

✏️ **Para cumpri-la, executarei ao menos estas três tarefas:**   *Feito?*

1 – ____ ▢

2 – ____ ▢

3 – ____ ▢

💣 **Duas distrações para minimizar hoje:**

1 – ____

2 – ____

📊 **Habilidades que preciso desenvolver:**

____

____

Mural de ideias e sugestões:

1 – _______________	6 – _______________
2 – _______________	7 – _______________
3 – _______________	8 – _______________
4 – _______________	9 – _______________
5 – _______________	10 – _______________

HÁBITOS

	Feito?		Feito?
Leitura diária		Sugestão para reduzir despesas	
Poupança		Sugestão para aumentar a renda	
Reserva de emergência		Lista do desapego	
Orçamento doméstico		Investimentos	

SALDO BANCÁRIO   R$

PAGAMENTOS E DOAÇÕES		MINHAS RECEITAS	
Item	Valor	Item	Valor
	R$		R$
	R$		R$
	R$		R$
	R$		R$
	R$		R$
	R$		R$
	R$		R$
Total	R$	Total	R$

DIA 10

DATA ____/____/______

💤 ANÁLISE DO SONO

Na última noite, dormi às __________, e hoje acordei às __________.

Hoje, dormirei às __________, e amanhã acordarei às __________.

⏳ Em 56 dias eu irei:

____

☑ Minha tarefa mais importante da semana é:

____

☑ Minha tarefa mais importante de hoje é:

____

✎ Para cumpri-la, executarei ao menos estas três tarefas: *Feito?*

1 – ____ ▢

2 – ____ ▢

3 – ____ ▢

💣 Duas distrações para minimizar hoje:

1 – ____

2 – ____

📊 Habilidades que preciso desenvolver:

____

____

Mural de ideias e sugestões:

1 – __________________________________ 6 – __________________________________

2 – __________________________________ 7 – __________________________________

3 – __________________________________ 8 – __________________________________

4 – __________________________________ 9 – __________________________________

5 – __________________________________ 10 – __________________________________

HÁBITOS

Leitura diária

Poupança

Reserva de emergência

Orçamento doméstico

Sugestão para reduzir despesas

Sugestão para aumentar a renda

Lista do desapego

Investimentos

SALDO BANCÁRIO   R$

PAGAMENTOS E DOAÇÕES		MINHAS RECEITAS	
Item	Valor	Item	Valor
	R$		R$
	R$		R$
	R$		R$
	R$		R$
	R$		R$
	R$		R$
	R$		R$
Total	R$	Total	R$

DIA 11

DATA _____/_____/______

😴 ANÁLISE DO SONO

Na última noite, dormi às __________, e hoje acordei às __________.

Hoje, dormirei às __________, e amanhã acordarei às __________.

⏳ Em 55 dias eu irei:

____

✅ Minha tarefa mais importante da semana é:

____

✅ Minha tarefa mais importante de hoje é:

____

✏️ Para cumpri-la, executarei ao menos estas três tarefas: Feito?

1 – ____ ▢

2 – ____ ▢

3 – ____ ▢

💣 Duas distrações para minimizar hoje:

1 – ____

2 – ____

📈 Habilidades que preciso desenvolver:

____

____

Mural de ideias e sugestões:

1 – ___________________________ 6 – ___________________________
2 – ___________________________ 7 – ___________________________
3 – ___________________________ 8 – ___________________________
4 – ___________________________ 9 – ___________________________
5 – ___________________________ 10 – __________________________

HÁBITOS

	Feito?		Feito?
Leitura diária		Sugestão para reduzir despesas	
Poupança		Sugestão para aumentar a renda	
Reserva de emergência		Lista do desapego	
Orçamento doméstico		Investimentos	

SALDO BANCÁRIO   R$

PAGAMENTOS E DOAÇÕES		MINHAS RECEITAS	
Item	Valor	Item	Valor
	R$		R$
	R$		R$
	R$		R$
	R$		R$
	R$		R$
	R$		R$
	R$		R$
Total	R$	Total	R$

DIA 12

💤 ANÁLISE DO SONO

Na última noite, dormi às __________, e hoje acordei às __________.

Hoje, dormirei às __________, e amanhã acordarei às __________.

⏳ Em 54 dias eu irei:

____

☑ Minha tarefa mais importante da semana é:

____

☑ Minha tarefa mais importante de hoje é:

____

✍ Para cumpri-la, executarei ao menos estas três tarefas: Feito?

1 – ____

2 – ____

3 – ____

💣 Duas distrações para minimizar hoje:

1 – ____

2 – ____

📈 Habilidades que preciso desenvolver:

____

____

Mural de ideias e sugestões:

1 – _______________________   6 – _______________________
2 – _______________________   7 – _______________________
3 – _______________________   8 – _______________________
4 – _______________________   9 – _______________________
5 – _______________________   10 – ______________________

HÁBITOS

	Feito?		Feito?
Leitura diária		Sugestão para reduzir despesas	
Poupança		Sugestão para aumentar a renda	
Reserva de emergência		Lista do desapego	
Orçamento doméstico		Investimentos	

SALDO BANCÁRIO   R$

PAGAMENTOS E DOAÇÕES		MINHAS RECEITAS	
Item	Valor	Item	Valor
	R$		R$
	R$		R$
	R$		R$
	R$		R$
	R$		R$
	R$		R$
	R$		R$
Total	R$	Total	R$

DIA 13

💤 ANÁLISE DO SONO

Na última noite, dormi às __________, e hoje acordei às __________.

Hoje, dormirei às __________, e amanhã acordarei às __________.

⌛ Em 53 dias eu irei:

____

☑ Minha tarefa mais importante da semana é:

____

☑ Minha tarefa mais importante de hoje é:

____

✍ Para cumpri-la, executarei ao menos estas três tarefas: *Feito?*

1 – ____ ☐

2 – ____ ☐

3 – ____ ☐

💣 Duas distrações para minimizar hoje:

1 – ____

2 – ____

📈 Habilidades que preciso desenvolver:

____

____

Mural de ideias e sugestões:

1 – ___________________________ 6 – ___________________________
2 – ___________________________ 7 – ___________________________
3 – ___________________________ 8 – ___________________________
4 – ___________________________ 9 – ___________________________
5 – ___________________________ 10 – __________________________

HÁBITOS

Hábito	Feito?	Hábito	Feito?
Leitura diária		Sugestão para reduzir despesas	
Poupança		Sugestão para aumentar a renda	
Reserva de emergência		Lista do desapego	
Orçamento doméstico		Investimentos	

SALDO BANCÁRIO   R$

PAGAMENTOS E DOAÇÕES		MINHAS RECEITAS	
Item	Valor	Item	Valor
	R$		R$
	R$		R$
	R$		R$
	R$		R$
	R$		R$
	R$		R$
	R$		R$
Total	R$	Total	R$

DIA 14

DATA ___/___/_____

💤 ANÁLISE DO SONO

Na última noite, dormi às __________, e hoje acordei às __________.

Hoje, dormirei às __________, e amanhã acordarei às __________.

⌛ Em 52 dias eu irei:

____

✅ Minha tarefa mais importante da semana é:

____

✅ Minha tarefa mais importante de hoje é:

____

✏️ Para cumpri-la, executarei ao menos estas três tarefas: *Feito?*

1 – ____ ▢

2 – ____ ▢

3 – ____ ▢

💣 Duas distrações para minimizar hoje:

1 – ____

2 – ____

📈 Habilidades que preciso desenvolver:

____

____

Mural de ideias e sugestões:

1 – ______________________________   6 – ______________________________

2 – ______________________________   7 – ______________________________

3 – ______________________________   8 – ______________________________

4 – ______________________________   9 – ______________________________

5 – ______________________________   10 – _____________________________

HÁBITOS

Leitura diária

Poupança

Reserva de emergência

Orçamento doméstico

Sugestão para reduzir despesas

Sugestão para aumentar a renda

Lista do desapego

Investimentos

SALDO BANCÁRIO   R$

PAGAMENTOS E DOAÇÕES		MINHAS RECEITAS	
Item	Valor	Item	Valor
	R$		R$
	R$		R$
	R$		R$
	R$		R$
	R$		R$
	R$		R$
	R$		R$
Total	R$	Total	R$

A INCRÍVEL MARCA DE 1%

*"Não há essa coisa chamada fracasso.
Há somente resultados."*

TONY ROBBINS

ESTAMOS SEMPRE EM busca de um método inovador ou uma fórmula capaz de nos levar ao sucesso. De fato, alguns comportamentos foram mapeados e estratégias vencedoras foram criadas ao longo da história por pessoas excepcionais – por exemplo, *A Quinta Disciplina*, de Peter Senge, *A Estratégia do Oceano Azul*, de Kim e Mauborgne, o Teorema de Coase, ou até mesmo estudos que demonstram a interferência da sorte nos negócios, como exposto no livro *Iludido pelo Acaso*, de Nassin Taleb. Entretanto, há uma abordagem específica que irei popor: a Teoria dos Ganhos Marginais.

O galês Sir Dave Brailsford levou o time de ciclismo do Reino Unido, sob sua gestão, a ganhar 24 medalhas de ouro nas Olimpíadas, 9 recordes olímpicos e 3 recordes mundiais. Ele buscou melhorias pequenas em todos os aspectos numa ordem hipotética de 1%. Mudou a ergonomia do assento, o peso da roda, a nutrição dos atletas, encontrou um gel de massagem mais eficaz, colchões e travesseiros que proporcionavam maior repouso.

Talvez você não precise de uma mudança radical, mas de pequenas mudanças, sempre avançando na direção de seus objetivos. Deseja se formar em uma faculdade? Investir? Comprar a casa própria? Viajar? Dê pequenos passos. Estude uma matéria por dia. Passe uma hora por semana analisando o preço dos imóveis. Aumente suas economias. Da mesma forma, durma melhor, se alimente melhor, faça exercícios. Isso influencia diretamente no foco e na produtividade.

No início do livro, propus o desafio de aumentar a taxa de poupança em 1% ao mês – assim, ao final de um ano você juntará 12% a mais em sua renda do que no começo. Leo Babauta, criador do "Hábito Zen", sugeriu a criação de novos hábitos através de ganhos incrementais. Por exemplo, se você deseja correr, corra um minuto e pare, mesmo que pareça ridículo; amanhã, corra dois. O importante é começar primeiro e depois fazer os ajustes necessários, apenas para criar o hábito.

Em resumo, dos inúmeros objetivos que você deseja alcançar, existem alguns poucos que realmente merecem sua atenção. Escolha-os com sabedoria, faça pequenos avanços e lembre-se: melhorias graduais de 1% também criam campeões.

DIA 15

💤 ANÁLISE DO SONO

Na última noite, dormi às __________, e hoje acordei às __________ .

Hoje, dormirei às __________, e amanhã acordarei às __________ .

⏳ Em 51 dias eu irei:

____

✅ Minha tarefa mais importante da semana é:

____

✅ Minha tarefa mais importante de hoje é:

____

✏️ Para cumpri-la, executarei ao menos estas três tarefas: *Feito?*

1 – ____

2 – ____

3 – ____

💣 Duas distrações para minimizar hoje:

1 – ____

2 – ____

📊 Habilidades que preciso desenvolver:

____

____

Mural de ideias e sugestões:

1 – __________________________ 6 – __________________________

2 – __________________________ 7 – __________________________

3 – __________________________ 8 – __________________________

4 – __________________________ 9 – __________________________

5 – __________________________ 10 – __________________________

HÁBITOS

Leitura diária

Poupança

Reserva de emergência

Orçamento doméstico

Sugestão para reduzir despesas

Sugestão para aumentar a renda

Lista do desapego

Investimentos

SALDO BANCÁRIO   R$

PAGAMENTOS E DOAÇÕES		MINHAS RECEITAS	
Item	Valor	Item	Valor
	R$		R$
	R$		R$
	R$		R$
	R$		R$
	R$		R$
	R$		R$
	R$		R$
Total	R$	Total	R$

DIA 16

DATA ____/____/______

💤 ANÁLISE DO SONO

Na última noite, dormi às _________, e hoje acordei às _________.

Hoje, dormirei às _________, e amanhã acordarei às _________.

⏳ Em 50 dias eu irei:

____

✅ Minha tarefa mais importante da semana é:

____

✅ Minha tarefa mais importante de hoje é:

____

✏️ Para cumpri-la, executarei ao menos estas três tarefas: Feito?

1 – ____

2 – ____

3 – ____

💣 Duas distrações para minimizar hoje:

1 – ____

2 – ____

📊 Habilidades que preciso desenvolver:

____

____

💡 Mural de ideias e sugestões:

1 – __________	6 – __________
2 – __________	7 – __________
3 – __________	8 – __________
4 – __________	9 – __________
5 – __________	10 – __________

HÁBITOS

Feito? Feito?

Leitura diária		Sugestão para reduzir despesas	
Poupança		Sugestão para aumentar a renda	
Reserva de emergência		Lista do desapego	
Orçamento doméstico		Investimentos	

💰 SALDO BANCÁRIO   R$

PAGAMENTOS E DOAÇÕES		MINHAS RECEITAS	
Item	*Valor*	*Item*	*Valor*
	R$		R$
	R$		R$
	R$		R$
	R$		R$
	R$		R$
	R$		R$
	R$		R$
Total	R$	*Total*	R$

DIA 17

💤 ANÁLISE DO SONO

Na última noite, dormi às __________, e hoje acordei às __________ .

Hoje, dormirei às __________, e amanhã acordarei às __________ .

⧗ Em 49 dias eu irei:

____

✔ Minha tarefa mais importante da semana é:

____

✔ Minha tarefa mais importante de hoje é:

____

✎ Para cumpri-la, executarei ao menos estas três tarefas: *Feito?*

1 – _______________________________________

2 – _______________________________________

3 – _______________________________________

💣 Duas distrações para minimizar hoje:

1 – _______________________________________

2 – _______________________________________

📈 Habilidades que preciso desenvolver:

____

____

Mural de ideias e sugestões:

1 – _______________________
2 – _______________________
3 – _______________________
4 – _______________________
5 – _______________________

6 – _______________________
7 – _______________________
8 – _______________________
9 – _______________________
10 – ______________________

HÁBITOS

	Feito?		Feito?
Leitura diária		Sugestão para reduzir despesas	
Poupança		Sugestão para aumentar a renda	
Reserva de emergência		Lista do desapego	
Orçamento doméstico		Investimentos	

SALDO BANCÁRIO   R$

PAGAMENTOS E DOAÇÕES		MINHAS RECEITAS	
Item	Valor	Item	Valor
	R$		R$
	R$		R$
	R$		R$
	R$		R$
	R$		R$
	R$		R$
	R$		R$
Total	R$	Total	R$

DIA 18

DATA ___/___/____

💤 ANÁLISE DO SONO

Na última noite, dormi às _______, e hoje acordei às _______.

Hoje, dormirei às _______, e amanhã acordarei às _______.

⏳ Em 48 dias eu irei:

____

☑ Minha tarefa mais importante da semana é:

____

☑ Minha tarefa mais importante de hoje é:

____

✍ Para cumpri-la, executarei ao menos estas três tarefas: Feito?

1 – ____ ☐

2 – ____ ☐

3 – ____ ☐

💣 Duas distrações para minimizar hoje:

1 – ____

2 – ____

📈 Habilidades que preciso desenvolver:

____

____

Mural de ideias e sugestões:

1 – _______________________   6 – _______________________
2 – _______________________   7 – _______________________
3 – _______________________   8 – _______________________
4 – _______________________   9 – _______________________
5 – _______________________   10 – ______________________

HÁBITOS

	Feito?		Feito?
Leitura diária		Sugestão para reduzir despesas	
Poupança		Sugestão para aumentar a renda	
Reserva de emergência		Lista do desapego	
Orçamento doméstico		Investimentos	

SALDO BANCÁRIO   R$

PAGAMENTOS E DOAÇÕES		MINHAS RECEITAS	
Item	Valor	Item	Valor
	R$		R$
	R$		R$
	R$		R$
	R$		R$
	R$		R$
	R$		R$
	R$		R$
Total	R$	Total	R$

DIA 19

DATA ____/____/______

💤 ANÁLISE DO SONO

Na última noite, dormi às __________, e hoje acordei às __________.

Hoje, dormirei às __________, e amanhã acordarei às __________.

⏳ Em 47 dias eu irei:

____

☑️ Minha tarefa mais importante da semana é:

____

☑️ Minha tarefa mais importante de hoje é:

____

✏️ Para cumpri-la, executarei ao menos estas três tarefas: *Feito?*

1 – ____ ▢

2 – ____ ▢

3 – ____ ▢

💣 Duas distrações para minimizar hoje:

1 – ____

2 – ____

📈 Habilidades que preciso desenvolver:

____

____

Mural de ideias e sugestões:

1 – _______________	6 – _______________
2 – _______________	7 – _______________
3 – _______________	8 – _______________
4 – _______________	9 – _______________
5 – _______________	10 – _______________

HÁBITOS

	Feito?		Feito?
Leitura diária		Sugestão para reduzir despesas	
Poupança		Sugestão para aumentar a renda	
Reserva de emergência		Lista do desapego	
Orçamento doméstico		Investimentos	

SALDO BANCÁRIO   R$

PAGAMENTOS E DOAÇÕES		MINHAS RECEITAS	
Item	*Valor*	*Item*	*Valor*
	R$		R$
	R$		R$
	R$		R$
	R$		R$
	R$		R$
	R$		R$
	R$		R$
Total	R$	*Total*	R$

DIA 20

DATA ___/___/_____

💤 ANÁLISE DO SONO

Na última noite, dormi às _________, e hoje acordei às _________.

Hoje, dormirei às _________, e amanhã acordarei às _________.

⏳ Em 46 dias eu irei:

____

☑ Minha tarefa mais importante da semana é:

____

☑ Minha tarefa mais importante de hoje é:

____

✍ Para cumpri-la, executarei ao menos estas três tarefas: *Feito?*

1 – ____

2 – ____

3 – ____

💣 Duas distrações para minimizar hoje:

1 – ____

2 – ____

📈 Habilidades que preciso desenvolver:

____

____

💡 Mural de ideias e sugestões:

1 – _______________________   6 – _______________________
2 – _______________________   7 – _______________________
3 – _______________________   8 – _______________________
4 – _______________________   9 – _______________________
5 – _______________________   10 – ______________________

HÁBITOS

	Feito?		Feito?
Leitura diária		Sugestão para reduzir despesas	
Poupança		Sugestão para aumentar a renda	
Reserva de emergência		Lista do desapego	
Orçamento doméstico		Investimentos	

💰 SALDO BANCÁRIO   R$

PAGAMENTOS E DOAÇÕES		MINHAS RECEITAS	
Item	Valor	Item	Valor
	R$		R$
	R$		R$
	R$		R$
	R$		R$
	R$		R$
	R$		R$
	R$		R$
Total	R$	Total	R$

DIA 21

DATA ____ / ____ / ______

💤 ANÁLISE DO SONO

Na última noite, dormi às __________, e hoje acordei às __________ .

Hoje, dormirei às __________, e amanhã acordarei às __________ .

⏳ Em 45 dias eu irei:

____

✅ Minha tarefa mais importante da semana é:

____

✅ Minha tarefa mais importante de hoje é:

____

✍ Para cumpri-la, executarei ao menos estas três tarefas: Feito?

1 – ____ ▢

2 – ____ ▢

3 – ____ ▢

💣 Duas distrações para minimizar hoje:

1 – ____

2 – ____

📈 Habilidades que preciso desenvolver:

____

____

Mural de ideias e sugestões:

1 – ___________________________ 6 – ___________________________
2 – ___________________________ 7 – ___________________________
3 – ___________________________ 8 – ___________________________
4 – ___________________________ 9 – ___________________________
5 – ___________________________ 10 – __________________________

HÁBITOS

Feito?   Feito?

Leitura diária   Sugestão para reduzir despesas
Poupança   Sugestão para aumentar a renda
Reserva de emergência   Lista do desapego
Orçamento doméstico   Investimentos

SALDO BANCÁRIO   R$

PAGAMENTOS E DOAÇÕES		MINHAS RECEITAS	
Item	Valor	Item	Valor
	R$		R$
	R$		R$
	R$		R$
	R$		R$
	R$		R$
	R$		R$
	R$		R$
Total	R$	Total	R$

FASE 2
CONQUISTADA

A EXECUÇÃO EM TRÊS FASES

FASE 1
Dias 1–7

FASE 2
Dias 8–21

FASE 3
Dias 22–66

JORNADA

A EXECUÇÃO EM TRÊS FASES

FASE 1
Dias 1–7

FASE 2
Dias 8–21

FASE 3
Dias 22–66

JORNADA

FASE 3: NÃO BAIXE A GUARDA

"O principal é manter o principal como principal."

STEPHEN R. COVEY

VOCÊ JÁ OUVIU falar no "Efeito Avestruz"? Ele consiste na tendência de ignorarmos informações ruins a fim de evitar algum desconforto psicológico. Deixar de olhar a fatura do cartão de crédito quando sabemos que exageramos nos gastos; não controlar o saldo bancário para evitar descobrir que estamos no vermelho; não acompanhar a carteira de investimentos num momento de crise – esses são todos exemplos típicos deste viés comportamental.

Ao ignorarmos os problemas, os efeitos negativos se potencializam como uma bola de neve. Quando nossas finanças estão em risco, não podemos enfiar a cabeça em um buraco e esperar o pior passar, pois os prejuízos se acumulam e as dificuldades se tornam ainda mais difíceis de solucionar. Com isso em mente, devemos ser sentinelas de nossas próprias finanças para evitar o Efeito Avestruz. Então, aqui está o que podemos fazer:

- Aproveitar bons momentos ou quando estivermos descansados para lidar com os problemas;
- Criar uma lista de tarefas pendentes e configurar alarmes no celular para lembrar do que deve ser feito;
- Não tentar se vingar das "derrotas" da vida fazendo compras, pois é provável que a tristeza passe mais rápido do que as contas;
- As dívidas com cartão de crédito e cheque especial devem ter prioridade máxima de pagamento;
- Se não conseguir poupar a quantia estabelecida, poupe o que conseguir, para fixar o hábito;
- Estar atento às informações da mídia que podem afetar negativa ou positivamente seu patrimônio, e ser proativo nas ações. Por exemplo:
  Notícia: Bancos poderão cobrar por limite acima de R$ 500 no cheque especial.
  Ação imediata: Certificar-se de que tenha um limite abaixo de R$ 500, ou negociar melhores condições com o banco.
  Notícia: Expectativa de vida do brasileiro aumenta.
  Ação imediata: Preparar-se financeiramente para manter o estilo de vida na aposentadoria. Uma opção é investir numa previdência privada;
- Definir um mecanismo de recompensa clara ao resolver um problema ou atingir um objetivo. Conseguiu negociar a redução de uma dívida? Lembre-se sempre da sensação de alívio e orgulhe-se do feito – compre um sorvete, por exemplo. Conseguiu poupar neste mês? Registre o valor em um papel e faça isso sempre, para gerar um senso de realização. São ideias simples, mas capazes de gerar estímulos neurológicos importantes na criação hábitos;
- Atenção às coisas que devem ser feitas primeiro.

MANTENHA O INTERESSE NO SEU CRESCIMENTO

Desenvolver novos hábitos leva tempo. Agora que você superou as três primeiras semanas, não podemos parar por aqui. Passar pelas difíceis fases iniciais não significa que você alcançou o objetivo, apenas que está no caminho certo. Nas próximas seis semanas, você continuará recebendo dicas pontuais, pensamentos, afirmações e estratégias que serão pausas de reflexão capazes de gerar mudanças no comportamento. Isso será imporante para nos manter conectados com nossas metas, como um aparelho que precisa estar plugado à tomada para recarregar a bateria.

DIA 22

💤 ANÁLISE DO SONO

Na última noite, dormi às _________, e hoje acordei às _________.

Hoje, dormirei às _________, e amanhã acordarei às _________.

⏳ Em 44 dias eu irei:

____

✅ Minha tarefa mais importante da semana é:

____

✅ Minha tarefa mais importante de hoje é:

____

✏️ Para cumpri-la, executarei ao menos estas três tarefas: Feito?

1 – _____________________________________

2 – _____________________________________

3 – _____________________________________

💣 Duas distrações para minimizar hoje:

1 – _____________________________________

2 – _____________________________________

📈 Habilidades que preciso desenvolver:

____

____

💡 Mural de ideias e sugestões:

1 – _________________________   6 – _________________________
2 – _________________________   7 – _________________________
3 – _________________________   8 – _________________________
4 – _________________________   9 – _________________________
5 – _________________________   10 – ________________________

HÁBITOS

Leitura diária

Poupança

Reserva de emergência

Orçamento doméstico

Sugestão para reduzir despesas

Sugestão para aumentar a renda

Lista do desapego

Investimentos

💰 SALDO BANCÁRIO   R$

PAGAMENTOS E DOAÇÕES		MINHAS RECEITAS	
Item	Valor	Item	Valor
	R$		R$
	R$		R$
	R$		R$
	R$		R$
	R$		R$
	R$		R$
	R$		R$
Total	R$	Total	R$

DIA 23

💤 ANÁLISE DO SONO

Na última noite, dormi às __________, e hoje acordei às __________.

Hoje, dormirei às __________, e amanhã acordarei às __________.

⏳ Em 43 dias eu irei:

____

☑ Minha tarefa mais importante da semana é:

____

☑ Minha tarefa mais importante de hoje é:

____

✍ Para cumpri-la, executarei ao menos estas três tarefas: Feito?

1 – ____

2 – ____

3 – ____

💣 Duas distrações para minimizar hoje:

1 – ____

2 – ____

📈 Habilidades que preciso desenvolver:

____

____

💡 Mural de ideias e sugestões:

1 – _______________________   6 – _______________________
2 – _______________________   7 – _______________________
3 – _______________________   8 – _______________________
4 – _______________________   9 – _______________________
5 – _______________________   10 – ______________________

HÁBITOS

Leitura diária

Poupança

Reserva de emergência

Orçamento doméstico

Sugestão para reduzir despesas

Sugestão para aumentar a renda

Lista do desapego

Investimentos

💰 SALDO BANCÁRIO   R$

PAGAMENTOS E DOAÇÕES		MINHAS RECEITAS	
Item	Valor	Item	Valor
	R$		R$
	R$		R$
	R$		R$
	R$		R$
	R$		R$
	R$		R$
	R$		R$
Total	R$	Total	R$

DIA 24

💤 ANÁLISE DO SONO

Na última noite, dormi às _________, e hoje acordei às _________.
Hoje, dormirei às _________, e amanhã acordarei às _________.

⏳ Em 42 dias eu irei:

____

✅ Minha tarefa mais importante da semana é:

____

✅ Minha tarefa mais importante de hoje é:

____

✏️ Para cumpri-la, executarei ao menos estas três tarefas: Feito?

1 – ____ ▢
2 – ____ ▢
3 – ____ ▢

💣 Duas distrações para minimizar hoje:

1 – ____
2 – ____

📈 Habilidades que preciso desenvolver:

____

____

Mural de ideias e sugestões:

1 – _______________________ 6 – _______________________
2 – _______________________ 7 – _______________________
3 – _______________________ 8 – _______________________
4 – _______________________ 9 – _______________________
5 – _______________________ 10 – ______________________

HÁBITOS

	Feito?			Feito?
Leitura diária		Sugestão para reduzir despesas		
Poupança		Sugestão para aumentar a renda		
Reserva de emergência		Lista do desapego		
Orçamento doméstico		Investimentos		

SALDO BANCÁRIO

R$

PAGAMENTOS E DOAÇÕES		MINHAS RECEITAS	
Item	Valor	Item	Valor
	R$		R$
	R$		R$
	R$		R$
	R$		R$
	R$		R$
	R$		R$
	R$		R$
Total	R$	Total	R$

DIA 25

⤵ ANÁLISE DO SONO

Na última noite, dormi às __________, e hoje acordei às __________.

Hoje, dormirei às __________, e amanhã acordarei às __________.

⌛ Em 41 dias eu irei:

____

✔ Minha tarefa mais importante da semana é:

____

✔ Minha tarefa mais importante de hoje é:

____

✎ Para cumpri-la, executarei ao menos estas três tarefas: *Feito?*

1 – ____

2 – ____

3 – ____

💣 Duas distrações para minimizar hoje:

1 – ____

2 – ____

📶 Habilidades que preciso desenvolver:

____

____

Mural de ideias e sugestões:

1 – _______________________ 6 – _______________________
2 – _______________________ 7 – _______________________
3 – _______________________ 8 – _______________________
4 – _______________________ 9 – _______________________
5 – _______________________ 10 – _______________________

HÁBITOS

Leitura diária

Poupança

Reserva de emergência

Orçamento doméstico

Sugestão para reduzir despesas

Sugestão para aumentar a renda

Lista do desapego

Investimentos

💰 SALDO BANCÁRIO   R$

PAGAMENTOS E DOAÇÕES		MINHAS RECEITAS	
Item	Valor	Item	Valor
	R$		R$
	R$		R$
	R$		R$
	R$		R$
	R$		R$
	R$		R$
	R$		R$
Total	R$	Total	R$

DIA 26

💤 ANÁLISE DO SONO

Na última noite, dormi às __________, e hoje acordei às __________.

Hoje, dormirei às __________, e amanhã acordarei às __________.

⌛ Em 40 dias eu irei:

____

✅ Minha tarefa mais importante da semana é:

____

✅ Minha tarefa mais importante de hoje é:

____

✏️ Para cumpri-la, executarei ao menos estas três tarefas: Feito?

1 – ____

2 – ____

3 – ____

💣 Duas distrações para minimizar hoje:

1 – ____

2 – ____

📈 Habilidades que preciso desenvolver:

____

____

Mural de ideias e sugestões:

1 – _______________________   6 – _______________________
2 – _______________________   7 – _______________________
3 – _______________________   8 – _______________________
4 – _______________________   9 – _______________________
5 – _______________________   10 – ______________________

HÁBITOS

Leitura diária   Sugestão para reduzir despesas
Poupança   Sugestão para aumentar a renda
Reserva de emergência   Lista do desapego
Orçamento doméstico   Investimentos

SALDO BANCÁRIO   R$

PAGAMENTOS E DOAÇÕES		MINHAS RECEITAS	
Item	Valor	Item	Valor
	R$		R$
	R$		R$
	R$		R$
	R$		R$
	R$		R$
	R$		R$
	R$		R$
Total	R$	Total	R$

DIA 27

⌁ ANÁLISE DO SONO

Na última noite, dormi às __________, e hoje acordei às __________.

Hoje, dormirei às __________, e amanhã acordarei às __________.

⏳ Em 39 dias eu irei:

____

☑ Minha tarefa mais importante da semana é:

____

☑ Minha tarefa mais importante de hoje é:

____

✎ Para cumpri-la, executarei ao menos estas três tarefas: *Feito?*

1 – ____

2 – ____

3 – ____

💣 Duas distrações para minimizar hoje:

1 – ____

2 – ____

📈 Habilidades que preciso desenvolver:

____

____

Mural de ideias e sugestões:

1 – ___________________________   6 – ___________________________

2 – ___________________________   7 – ___________________________

3 – ___________________________   8 – ___________________________

4 – ___________________________   9 – ___________________________

5 – ___________________________   10 – __________________________

HÁBITOS

	Feito?		Feito?
Leitura diária		Sugestão para reduzir despesas	
Poupança		Sugestão para aumentar a renda	
Reserva de emergência		Lista do desapego	
Orçamento doméstico		Investimentos	

SALDO BANCÁRIO   R$

PAGAMENTOS E DOAÇÕES		MINHAS RECEITAS	
Item	Valor	Item	Valor
	R$		R$
	R$		R$
	R$		R$
	R$		R$
	R$		R$
	R$		R$
	R$		R$
Total	R$	Total	R$

DIA 28

DATA ___/___/_____

💤 ANÁLISE DO SONO

Na última noite, dormi às __________, e hoje acordei às _________.

Hoje, dormirei às _________, e amanhã acordarei às _________.

⏳ Em 38 dias eu irei:

____

✅ Minha tarefa mais importante da semana é:

____

✅ Minha tarefa mais importante de hoje é:

____

✍️ Para cumpri-la, executarei ao menos estas três tarefas: Feito?

1 – ____

2 – ____

3 – ____

💣 Duas distrações para minimizar hoje:

1 – ____

2 – ____

📈 Habilidades que preciso desenvolver:

____

____

Mural de ideias e sugestões:

1 – _______________________   6 – _______________________
2 – _______________________   7 – _______________________
3 – _______________________   8 – _______________________
4 – _______________________   9 – _______________________
5 – _______________________   10 – ______________________

HÁBITOS

Leitura diária   Sugestão para reduzir despesas
Poupança   Sugestão para aumentar a renda
Reserva de emergência   Lista do desapego
Orçamento doméstico   Investimentos

💰 SALDO BANCÁRIO   R$

PAGAMENTOS E DOAÇÕES		MINHAS RECEITAS	
Item	Valor	Item	Valor
	R$		R$
	R$		R$
	R$		R$
	R$		R$
	R$		R$
	R$		R$
	R$		R$
Total	R$	Total	R$

CUIDADO COM (MÁS) INFLUÊNCIAS

"Eu devo meu sucesso a meu hábito de respeitosamente ouvir conselhos e fazer exatamente o contrário."

G. K. CHESTERTON

NÃO SÃO POUCOS os casos de sucesso de pessoas que rejeitaram conselhos alheios para ouvir sua própria voz interior. Recentemente, assisti à série *Anne with an E* – e gostei tanto que quis saber tudo sobre a obra. Descobri que a série foi baseada no livro de Lucy Maud Montgomery, escrito em 1905. A autora enviou o manuscrito a diversas editoras, mas, depois de ser rejeitada por todas, guardou o original em uma caixa de chapéu. Em 1907, decidiu tentar de novo, e o livro *Anne of Green Gables* foi aceito pela Page Company of Boston, em Massachusetts. Publicada no ano seguinte, a obra continua sendo um sucesso até hoje. O mesmo aconteceu com a rejeitada – pasmem – J. K. Rowling, autora da saga *Harry Potter*. Casos como esses são tão numorosos que não conseguimos contar todos.

Essas pessoas não são arrogantes ou prepotentes por rejeitar opiniões alheias; elas apenas fizeram o óbvio: reconheceram o potencial de seus trabalhos. Afinal, se algo é bom por natureza, o escrutínio de especialistas torna-se irrelevante.

Cuidado, também, com promessas de dinheiro fácil ou vendedores de conselhos. Geralmente os produtos vendidos por eles são apresentados como lucrativos e disponíveis por tempo limitado, nos levando a tomar uma ação imediata por medo de perder oportunidades. Um momento de euforia torna a pessoa mais otimista e propensa a subestimar riscos.

Em resumo, devemos esperar o melhor ao nos preparar para o pior. Aqui estão algumas dicas sobre esse assunto:

- Preocupe-se com a idoneidade da pessoa ou instituição que está oferecendo um produto ou serviço. Faça uma pesquisa a respeito nos órgãos reguladores;
- Tome cuidado com promessas de altíssima rentabilidade, pois muitas vezes estão ligadas a fraudes;
- Desconfie sempre de e-mails informando sobre presentes disponíveis ou contendo notas fiscais de produtos que não foram comprados ou serviços não contratados;
- Não invista no que não conhece, mesmo que pessoas próximas estejam investindo;
- Fique longe de pirâmides financeiras, pois esse tipo de empreendimento é crime contra a economia popular (Lei 1.521/51). Os primeiros que entram no negócio ganham dinheiro, ficando o azar para quem vem depois. Esses esquemas são identificados pela necessidade de se atrair mais pessoas com promessas de ganhos fáceis e pela ausência de um produto ou venda de produtos que dissimulam a fraude. Não confundir com marketing multinível, pois este é lícito.

DIA 29

DATA ___/___/____

 ANÁLISE DO SONO

Na última noite, dormi às _________, e hoje acordei às _________.

Hoje, dormirei às _________, e amanhã acordarei às _________.

Em 37 dias eu irei:

____

Minha tarefa mais importante da semana é:

____

Minha tarefa mais importante de hoje é:

____

Para cumpri-la, executarei ao menos estas três tarefas: *Feito?*

1 – ____ ▢

2 – ____ ▢

3 – ____ ▢

Duas distrações para minimizar hoje:

1 – ____

2 – ____

Habilidades que preciso desenvolver:

____

____

Mural de ideias e sugestões:

1 – _______________________   6 – _______________________
2 – _______________________   7 – _______________________
3 – _______________________   8 – _______________________
4 – _______________________   9 – _______________________
5 – _______________________   10 – ______________________

HÁBITOS

	Feito?		Feito?
Leitura diária		Sugestão para reduzir despesas	
Poupança		Sugestão para aumentar a renda	
Reserva de emergência		Lista do desapego	
Orçamento doméstico		Investimentos	

SALDO BANCÁRIO   R$

PAGAMENTOS E DOAÇÕES		MINHAS RECEITAS	
Item	Valor	Item	Valor
	R$		R$
	R$		R$
	R$		R$
	R$		R$
	R$		R$
	R$		R$
	R$		R$
Total	R$	Total	R$

DIA 30

⤵ ANÁLISE DO SONO

Na última noite, dormi às __________, e hoje acordei às __________.

Hoje, dormirei às __________, e amanhã acordarei às __________.

⧗ Em 36 dias eu irei:

____

☑ Minha tarefa mais importante da semana é:

____

☑ Minha tarefa mais importante de hoje é:

____

✎ Para cumpri-la, executarei ao menos estas três tarefas: *Feito?*

1 – ____ ▢

2 – ____ ▢

3 – ____ ▢

💣 Duas distrações para minimizar hoje:

1 – ____

2 – ____

📊 Habilidades que preciso desenvolver:

____

____

💡 Mural de ideias e sugestões:

1 – _______________________	6 – _______________________
2 – _______________________	7 – _______________________
3 – _______________________	8 – _______________________
4 – _______________________	9 – _______________________
5 – _______________________	10 – _______________________

HÁBITOS

Leitura diária

Poupança

Reserva de emergência

Orçamento doméstico

Sugestão para reduzir despesas

Sugestão para aumentar a renda

Lista do desapego

Investimentos

💰 SALDO BANCÁRIO   R$

PAGAMENTOS E DOAÇÕES		MINHAS RECEITAS	
Item	Valor	Item	Valor
	R$		R$
	R$		R$
	R$		R$
	R$		R$
	R$		R$
	R$		R$
	R$		R$
Total	R$	Total	R$

DIA 31

DATA ____/____/______

💤 ANÁLISE DO SONO

Na última noite, dormi às __________, e hoje acordei às __________.

Hoje, dormirei às __________, e amanhã acordarei às __________.

⏳ Em 35 dias eu irei:

____

✅ Minha tarefa mais importante da semana é:

____

✅ Minha tarefa mais importante de hoje é:

____

🖊 Para cumpri-la, executarei ao menos estas três tarefas: Feito?

1 – ____

2 – ____

3 – ____

💣 Duas distrações para minimizar hoje:

1 – ____

2 – ____

📊 Habilidades que preciso desenvolver:

____

____

💡 Mural de ideias e sugestões:

1 – __________________________   6 – __________________________
2 – __________________________   7 – __________________________
3 – __________________________   8 – __________________________
4 – __________________________   9 – __________________________
5 – __________________________   10 – _________________________

HÁBITOS

Leitura diária   Sugestão para reduzir despesas
Poupança   Sugestão para aumentar a renda
Reserva de emergência   Lista do desapego
Orçamento doméstico   Investimentos

💰 SALDO BANCÁRIO   R$

PAGAMENTOS E DOAÇÕES		MINHAS RECEITAS	
Item	Valor	Item	Valor
	R$		R$
	R$		R$
	R$		R$
	R$		R$
	R$		R$
	R$		R$
	R$		R$
Total	R$	Total	R$

DATA ____/____/______

💤 ANÁLISE DO SONO

Na última noite, dormi às __________, e hoje acordei às __________.

Hoje, dormirei às __________, e amanhã acordarei às __________.

⏳ Em 34 dias eu irei:

____

☑ Minha tarefa mais importante da semana é:

____

☑ Minha tarefa mais importante de hoje é:

____

✎ Para cumpri-la, executarei ao menos estas três tarefas: *Feito?*

1 – ____ ☐

2 – ____ ☐

3 – ____ ☐

💣 Duas distrações para minimizar hoje:

1 – ____

2 – ____

📈 Habilidades que preciso desenvolver:

____

____

💡 Mural de ideias e sugestões:

1 – __________________________	6 – __________________________
2 – __________________________	7 – __________________________
3 – __________________________	8 – __________________________
4 – __________________________	9 – __________________________
5 – __________________________	10 – _________________________

HÁBITOS

	Feito?		Feito?
Leitura diária		Sugestão para reduzir despesas	
Poupança		Sugestão para aumentar a renda	
Reserva de emergência		Lista do desapego	
Orçamento doméstico		Investimentos	

💰 SALDO BANCÁRIO R$

PAGAMENTOS E DOAÇÕES		MINHAS RECEITAS	
Item	Valor	Item	Valor
	R$		R$
	R$		R$
	R$		R$
	R$		R$
	R$		R$
	R$		R$
	R$		R$
Total	R$	Total	R$

DIA 33

DATA ____ / ____ / ______

ANÁLISE DO SONO

Na última noite, dormi às ________, e hoje acordei às _______.
Hoje, dormirei às _______, e amanhã acordarei às _______.

Em 33 dias eu irei:

____

Minha tarefa mais importante da semana é:

____

Minha tarefa mais importante de hoje é:

____

Para cumpri-la, executarei ao menos estas três tarefas: Feito?

1 – ____

2 – ____

3 – ____

Duas distrações para minimizar hoje:

1 – ____

2 – ____

Habilidades que preciso desenvolver:

____

____

Mural de ideias e sugestões:

1 – _______________	6 – _______________
2 – _______________	7 – _______________
3 – _______________	8 – _______________
4 – _______________	9 – _______________
5 – _______________	10 – _______________

HÁBITOS

	Feito?		Feito?
Leitura diária		Sugestão para reduzir despesas	
Poupança		Sugestão para aumentar a renda	
Reserva de emergência		Lista do desapego	
Orçamento doméstico		Investimentos	

SALDO BANCÁRIO   R$

PAGAMENTOS E DOAÇÕES		MINHAS RECEITAS	
Item	Valor	Item	Valor
	R$		R$
	R$		R$
	R$		R$
	R$		R$
	R$		R$
	R$		R$
	R$		R$
Total	R$	Total	R$

DIA 34

💤 ANÁLISE DO SONO

Na última noite, dormi às __________, e hoje acordei às ________ .
Hoje, dormirei às ________, e amanhã acordarei às ________ .

⏳ Em 32 dias eu irei:

____

☑ Minha tarefa mais importante da semana é:

____

☑ Minha tarefa mais importante de hoje é:

____

✎ Para cumpri-la, executarei ao menos estas três tarefas: *Feito?*

1 – ____

2 – ____

3 – ____

💣 Duas distrações para minimizar hoje:

1 – ____

2 – ____

📈 Habilidades que preciso desenvolver:

____

____

💡 Mural de ideias e sugestões:

1 – _______________	6 – _______________
2 – _______________	7 – _______________
3 – _______________	8 – _______________
4 – _______________	9 – _______________
5 – _______________	10 – _______________

HÁBITOS

Feito?		Feito?
Leitura diária	Sugestão para reduzir despesas	
Poupança	Sugestão para aumentar a renda	
Reserva de emergência	Lista do desapego	
Orçamento doméstico	Investimentos	

💰 SALDO BANCÁRIO   R$

PAGAMENTOS E DOAÇÕES		MINHAS RECEITAS	
Item	Valor	Item	Valor
	R$		R$
	R$		R$
	R$		R$
	R$		R$
	R$		R$
	R$		R$
	R$		R$
Total	R$	Total	R$

DIA 35

DATA _____/_____/______

💤 ANÁLISE DO SONO

Na última noite, dormi às __________, e hoje acordei às __________.

Hoje, dormirei às __________, e amanhã acordarei às __________.

⌛ Em 31 dias eu irei:

____

☑ Minha tarefa mais importante da semana é:

____

☑ Minha tarefa mais importante de hoje é:

____

✍ Para cumpri-la, executarei ao menos estas três tarefas: *Feito?*

1 – ____

2 – ____

3 – ____

💣 Duas distrações para minimizar hoje:

1 – ____

2 – ____

📈 Habilidades que preciso desenvolver:

____

____

Mural de ideias e sugestões:

1 – ________________________   6 – ________________________
2 – ________________________   7 – ________________________
3 – ________________________   8 – ________________________
4 – ________________________   9 – ________________________
5 – ________________________   10 – ______________________

HÁBITOS

Leitura diária

Poupança

Reserva de emergência

Orçamento doméstico

Sugestão para reduzir despesas

Sugestão para aumentar a renda

Lista do desapego

Investimentos

SALDO BANCÁRIO   R$

PAGAMENTOS E DOAÇÕES		MINHAS RECEITAS	
Item	Valor	Item	Valor
	R$		R$
	R$		R$
	R$		R$
	R$		R$
	R$		R$
	R$		R$
	R$		R$
Total	R$	Total	R$

RECEBI O SALÁRIO, E AGORA?

*"Não tenha medo de desistir do bom
para perseguir o ótimo."*

JOHN D. ROCKEFELLER

TENHA EM MENTE uma ordem ideal de tarefas a serem priorizadas após o recebimento do pagamento:

1 – Poupar > 2 – Pagar as contas > 3 – Viver > 4 – Investir

- **1 –** Poupar tem duas utilidades: a primeira é a proteção contra desatres financeiros e, a segunda, garantir o pagamento de projetos futuros de curto e médio prazo. O amanhã tem de ser melhor do que hoje;
- **2 –** Ao pagar as contas, devemos nos sentir como carteiros: recebemos as cartas, o dinheiro, no início do dia, vamos para a rua fazer as entregas e voltamos pra casa com as mãos vazias. Quando as contas chegam, devemos simplesmente pagar, pois devemos ser cautelosos com as dívidas, visto que elas podem aumentar de maneira exponencial devido à incidência de taxas e juros;
- **3 –** "Todo trabalhador é digno de seu salário", já dizia o livro de Timóteo. Isso quer dizer que o salário não é um presente, mas um pagamento a que temos direito: somos merecedores, então devemos recompensar nosso esforço com presentes, experiências, bons momentos de lazer com a família e assim por diante;
- **4 –** Todo mundo tem um quadro mental pintado sobre como a vida deve ser – e o objetivo final, penso eu, não é ser rico, mas próspero. A parte do dinheiro destinada aos investimentos representa sua riqueza futura, aquela com a qual você se aposentará. Portanto, pare de pensar que se deve gastar mais quando o salário aumenta. A riqueza futura é determinada por quanto você economiza e investe, não pelo quanto gasta.

O modelo acima proposto não é aplicável a todos os casos. Para muitas pessoas, a única sequência de pagamento possível é a seguinte:

1 – Pagar as contas > 2 – Viver

Se você calculou o seu Índice de Endividamento e o resultado foi superior a 30%, pode ser um sinal de que as dívidas fugiram do controle. A prioridade é pagar as contas, não poupar ou investir. Isso tem um motivo simples: o montante das dívidas descontroladas, que possuem taxas de juros elevadas, cresce mais rápido do que o da poupança e investimentos. É o mesmo que tentar encher um balde furado com uma torneira pingando. Talvez você esteja se perguntando como é possível tomar as rédeas financeiras e administrar melhor o dinheiro. Em resposta, quero que você faça o seguinte:

- **1 –** Trace um plano para pagar as dívidas descontroladas. Procure pela ferramenta chamada "Limpa Nome", no site do Serasa. Com ela, é possível negociar com bancos, empresas de telefonia, financeiras... tudo on-line;
- **2 –** Mantenha o mínimo necessário de despesas que corroem riquezas, como carro, produtos de marca, entretenimento, entre outros. Depois, levante o custo de sua "versão" de vida confortável e praticável. Você verá que certos luxos não são tão caros, e outros são descartáveis;
- **3 –** Poupança e investimento são similares no sentido de se guardar parte do salário para o futuro, mas diferentes nas finalidades. Poupar significa proteger; investir significa multiplicar. Aumente a renda disponível para investimentos, pois essa é sua riqueza futura. No fim, se administrar bem, você vence esse jogo financeiro.

DIA 36

💤 ANÁLISE DO SONO

Na última noite, dormi às __________, e hoje acordei às __________.

Hoje, dormirei às __________, e amanhã acordarei às __________.

⏳ Em 30 dias eu irei:

____

☑ Minha tarefa mais importante da semana é:

____

☑ Minha tarefa mais importante de hoje é:

____

✍ Para cumpri-la, executarei ao menos estas três tarefas: Feito?

1 – ____

2 – ____

3 – ____

💣 Duas distrações para minimizar hoje:

1 – ____

2 – ____

📈 Habilidades que preciso desenvolver:

____

____

💡 Mural de ideias e sugestões:

1 – _______________	6 – _______________
2 – _______________	7 – _______________
3 – _______________	8 – _______________
4 – _______________	9 – _______________
5 – _______________	10 – _______________

HÁBITOS

Leitura diária

Poupança

Reserva de emergência

Orçamento doméstico

Sugestão para reduzir despesas

Sugestão para aumentar a renda

Lista do desapego

Investimentos

💰 SALDO BANCÁRIO   R$

PAGAMENTOS E DOAÇÕES		MINHAS RECEITAS	
Item	Valor	Item	Valor
	R$		R$
	R$		R$
	R$		R$
	R$		R$
	R$		R$
	R$		R$
	R$		R$
Total	R$	Total	R$

DIA 37

💤 ANÁLISE DO SONO

Na última noite, dormi às __________, e hoje acordei às __________.

Hoje, dormirei às __________, e amanhã acordarei às __________.

⏳ Em 29 dias eu irei:

____

☑ Minha tarefa mais importante da semana é:

____

☑ Minha tarefa mais importante de hoje é:

____

✒ Para cumpri-la, executarei ao menos estas três tarefas: *Feito?*

1 – ____

2 – ____

3 – ____

💣 Duas distrações para minimizar hoje:

1 – ____

2 – ____

📶 Habilidades que preciso desenvolver:

____

____

Mural de ideias e sugestões:

1 – ___________________________ 6 – ___________________________
2 – ___________________________ 7 – ___________________________
3 – ___________________________ 8 – ___________________________
4 – ___________________________ 9 – ___________________________
5 – ___________________________ 10 – __________________________

HÁBITOS

	Feito?		Feito?
Leitura diária		Sugestão para reduzir despesas	
Poupança		Sugestão para aumentar a renda	
Reserva de emergência		Lista do desapego	
Orçamento doméstico		Investimentos	

SALDO BANCÁRIO R$

PAGAMENTOS E DOAÇÕES		MINHAS RECEITAS	
Item	Valor	Item	Valor
	R$		R$
	R$		R$
	R$		R$
	R$		R$
	R$		R$
	R$		R$
	R$		R$
Total	R$	Total	R$

DIA 38

DATA ____/____/______

💤 ANÁLISE DO SONO

Na última noite, dormi às _________, e hoje acordei às ________.

Hoje, dormirei às ________, e amanhã acordarei às ________.

⌛ **Em 28 dias eu irei:**

____

✅ **Minha tarefa mais importante da semana é:**

____

✅ **Minha tarefa mais importante de hoje é:**

____

✏️ **Para cumpri-la, executarei ao menos estas três tarefas:** *Feito?*

1 – ____

2 – ____

3 – ____

💣 **Duas distrações para minimizar hoje:**

1 – ____

2 – ____

📈 **Habilidades que preciso desenvolver:**

____

____

Mural de ideias e sugestões:

1 – ________________	6 – ________________
2 – ________________	7 – ________________
3 – ________________	8 – ________________
4 – ________________	9 – ________________
5 – ________________	10 – ________________

HÁBITOS

	Feito?		Feito?
Leitura diária		Sugestão para reduzir despesas	
Poupança		Sugestão para aumentar a renda	
Reserva de emergência		Lista do desapego	
Orçamento doméstico		Investimentos	

SALDO BANCÁRIO   R$

PAGAMENTOS E DOAÇÕES		MINHAS RECEITAS	
Item	Valor	Item	Valor
	R$		R$
	R$		R$
	R$		R$
	R$		R$
	R$		R$
	R$		R$
	R$		R$
Total	R$	Total	R$

DIA 39

DATA ____/____/______

💤 ANÁLISE DO SONO

Na última noite, dormi às _________, e hoje acordei às _________.

Hoje, dormirei às _________, e amanhã acordarei às _________.

⏳ Em 27 dias eu irei:

____

☑ Minha tarefa mais importante da semana é:

____

☑ Minha tarefa mais importante de hoje é:

____

✐ Para cumpri-la, executarei ao menos estas três tarefas: Feito?

1 – ____ ▢

2 – ____ ▢

3 – ____ ▢

💣 Duas distrações para minimizar hoje:

1 – ____

2 – ____

📈 Habilidades que preciso desenvolver:

____

____

Mural de ideias e sugestões:

1 – _______________________
2 – _______________________
3 – _______________________
4 – _______________________
5 – _______________________

6 – _______________________
7 – _______________________
8 – _______________________
9 – _______________________
10 – _______________________

HÁBITOS

Leitura diária

Poupança

Reserva de emergência

Orçamento doméstico

Sugestão para reduzir despesas

Sugestão para aumentar a renda

Lista do desapego

Investimentos

SALDO BANCÁRIO   R$

PAGAMENTOS E DOAÇÕES		MINHAS RECEITAS	
Item	Valor	Item	Valor
	R$		R$
	R$		R$
	R$		R$
	R$		R$
	R$		R$
	R$		R$
	R$		R$
Total	R$	Total	R$

DIA 40

DATA ____/____/______

💤 ANÁLISE DO SONO

Na última noite, dormi às __________, e hoje acordei às __________.

Hoje, dormirei às __________, e amanhã acordarei às __________.

⏳ Em 26 dias eu irei:

____

☑ Minha tarefa mais importante da semana é:

____

☑ Minha tarefa mais importante de hoje é:

____

✍ Para cumpri-la, executarei ao menos estas três tarefas: *Feito?*

1 – ____

2 – ____

3 – ____

💣 Duas distrações para minimizar hoje:

1 – ____

2 – ____

📈 Habilidades que preciso desenvolver:

____

____

Mural de ideias e sugestões:

1 – _____________	6 – _____________
2 – _____________	7 – _____________
3 – _____________	8 – _____________
4 – _____________	9 – _____________
5 – _____________	10 – _____________

HÁBITOS

Leitura diária	Sugestão para reduzir despesas
Poupança	Sugestão para aumentar a renda
Reserva de emergência	Lista do desapego
Orçamento doméstico	Investimentos

SALDO BANCÁRIO   R$

PAGAMENTOS E DOAÇÕES		MINHAS RECEITAS	
Item	Valor	Item	Valor
	R$		R$
	R$		R$
	R$		R$
	R$		R$
	R$		R$
	R$		R$
	R$		R$
Total	R$	Total	R$

DIA 41

💤 ANÁLISE DO SONO

Na última noite, dormi às __________, e hoje acordei às __________.

Hoje, dormirei às __________, e amanhã acordarei às __________.

⏳ Em 25 dias eu irei:

____

✅ Minha tarefa mais importante da semana é:

____

✅ Minha tarefa mais importante de hoje é:

____

✍️ Para cumpri-la, executarei ao menos estas três tarefas:　　Feito?

1 – ____ ▢

2 – ____ ▢

3 – ____ ▢

💣 Duas distrações para minimizar hoje:

1 – ____

2 – ____

📊 Habilidades que preciso desenvolver:

____

____

Mural de ideias e sugestões:

1 – ____________________   6 – ____________________
2 – ____________________   7 – ____________________
3 – ____________________   8 – ____________________
4 – ____________________   9 – ____________________
5 – ____________________   10 – ____________________

HÁBITOS

Leitura diária   Sugestão para reduzir despesas
Poupança   Sugestão para aumentar a renda
Reserva de emergência   Lista do desapego
Orçamento doméstico   Investimentos

SALDO BANCÁRIO   R$

PAGAMENTOS E DOAÇÕES		MINHAS RECEITAS	
Item	Valor	Item	Valor
	R$		R$
	R$		R$
	R$		R$
	R$		R$
	R$		R$
	R$		R$
	R$		R$
Total	R$	Total	R$

DIA 42

DATA ____/____/______

💤 ANÁLISE DO SONO

Na última noite, dormi às __________, e hoje acordei às __________ .

Hoje, dormirei às __________, e amanhã acordarei às __________ .

⏳ Em 24 dias eu irei:

____

☑ Minha tarefa mais importante da semana é:

____

☑ Minha tarefa mais importante de hoje é:

____

✍ Para cumpri-la, executarei ao menos estas três tarefas:　　　Feito?

1 – ____ ▢

2 – ____ ▢

3 – ____ ▢

💣 Duas distrações para minimizar hoje:

1 – ____

2 – ____

📈 Habilidades que preciso desenvolver:

____

____

Mural de ideias e sugestões:

1 – _______________________   6 – _______________________

2 – _______________________   7 – _______________________

3 – _______________________   8 – _______________________

4 – _______________________   9 – _______________________

5 – _______________________   10 – ______________________

HÁBITOS

Leitura diária   Sugestão para reduzir despesas

Poupança   Sugestão para aumentar a renda

Reserva de emergência   Lista do desapego

Orçamento doméstico   Investimentos

💰 SALDO BANCÁRIO   R$

PAGAMENTOS E DOAÇÕES		MINHAS RECEITAS	
Item	Valor	Item	Valor
	R$		R$
	R$		R$
	R$		R$
	R$		R$
	R$		R$
	R$		R$
	R$		R$
Total	R$	Total	R$

TRABALHE PARA AUMENTAR A RENDA

"O pior problema do investidor – talvez seu pior inimigo – é provavelmente ele mesmo."

BENJAMIN GRAHAM

HÁ DOIS FATORES distintos que envolvem a obtenção de riqueza: renda e valorização. Renda é dinheiro, e valorização é o uso desse dinheiro de forma produtiva. No âmbito da riqueza financeira, poupar mais e gastar menos não basta; precisamos investir.

Um método que funciona bem é aumentar a parte da renda destinada aos investimentos, e a melhor maneira de fazer isso costuma ser através de empreendimentos. A ideia é criar pequenos negócios capazes de gerar um fluxo constante de renda diretamente para nossas contas bancárias, mesmo que em quantias pequenas. O importante é multiplicar.

Para aumentar a renda, precisamos adquirir dois tipos de habilidades:

1. **Habilidades financeiramente valorizadas:** são determinadas por fatores externos. Tratam-se de profissões como as de administradores, contadores, advogados, médicos, engenheiros e técnicos;

2. **Habilidades financeiramente valiosas:** são competências internas. Algumas delas são a criação de produtos, fazer amigos, networking, vendas, escrita, marketing, capacidade intelectual, capacidade de inovação, programação, fotografia, negociação, socialização, e assim por diante.

- Você é o responsável – não o culpado – pela sua situação financeira atual;
- Não reclame do salário que recebe. É maior do que o de muitas pessoas;
- Fazer dinheiro não é a mesma coisa que ganhar dinheiro. Não à toa os norte-americanos utilizam a expressão "make money" para "gerar riqueza". Ganhar não exige mérito: podemos ganhar uma herança mesmo sem merecê-la;
- Comprometa-se com criar mais renda. Aproveite o conhecimento e experiências que possui para criar um produto e depois apresentá-lo às pessoas. Pode ser um e-book, um pacote digital para ser baixado ou um curso em vídeo, ou então preste algum tipo serviço como freelancer.
- Não desista da renda ativa. É uma fonte de riqueza e, ao cortá-la, perdem-se conexões importantes com outras pessoas. Mantenha seu emprego e monte um negócio próprio no tempo livre. Considere prestar um consurso público;
- Crie renda passiva, mas não foque só nela. Para se gerar um retorno satisfatório, é necessário um investimento inicial alto ou correr maiores riscos, cujas consequências podem ser irreparáveis.

DIA 43

DATA ____/____/______

💤 ANÁLISE DO SONO

Na última noite, dormi às __________, e hoje acordei às __________.

Hoje, dormirei às __________, e amanhã acordarei às __________.

⏳ Em 23 dias eu irei:

____

✅ Minha tarefa mais importante da semana é:

____

✅ Minha tarefa mais importante de hoje é:

____

📝 Para cumpri-la, executarei ao menos estas três tarefas: *Feito?*

1 – ____

2 – ____

3 – ____

💣 Duas distrações para minimizar hoje:

1 – ____

2 – ____

📊 Habilidades que preciso desenvolver:

____

____

Mural de ideias e sugestões:

1 – ___________________________   6 – ___________________________

2 – ___________________________   7 – ___________________________

3 – ___________________________   8 – ___________________________

4 – ___________________________   9 – ___________________________

5 – ___________________________   10 – ___________________________

HÁBITOS

	Feito?		Feito?
Leitura diária		Sugestão para reduzir despesas	
Poupança		Sugestão para aumentar a renda	
Reserva de emergência		Lista do desapego	
Orçamento doméstico		Investimentos	

SALDO BANCÁRIO   R$

PAGAMENTOS E DOAÇÕES		MINHAS RECEITAS	
Item	Valor	Item	Valor
	R$		R$
	R$		R$
	R$		R$
	R$		R$
	R$		R$
	R$		R$
	R$		R$
Total	R$	Total	R$

DIA 44

DATA ____/____/______

💤 ANÁLISE DO SONO

Na última noite, dormi às __________, e hoje acordei às __________.

Hoje, dormirei às __________, e amanhã acordarei às __________.

⏳ Em 22 dias eu irei:

____

✔ Minha tarefa mais importante da semana é:

____

✔ Minha tarefa mais importante de hoje é:

____

✏ Para cumpri-la, executarei ao menos estas três tarefas: *Feito?*

1 – ____

2 – ____

3 – ____

💣 Duas distrações para minimizar hoje:

1 – ____

2 – ____

📈 Habilidades que preciso desenvolver:

____

____

💡 Mural de ideias e sugestões:

1 – ________________________   6 – ________________________
2 – ________________________   7 – ________________________
3 – ________________________   8 – ________________________
4 – ________________________   9 – ________________________
5 – ________________________   10 – ______________________

HÁBITOS

Leitura diária

Poupança

Reserva de emergência

Orçamento doméstico

Sugestão para reduzir despesas

Sugestão para aumentar a renda

Lista do desapego

Investimentos

💰 SALDO BANCÁRIO   R$

PAGAMENTOS E DOAÇÕES		MINHAS RECEITAS	
Item	Valor	Item	Valor
	R$		R$
	R$		R$
	R$		R$
	R$		R$
	R$		R$
	R$		R$
	R$		R$
Total	R$	Total	R$

DIA 45

💤 ANÁLISE DO SONO

Na última noite, dormi às _________, e hoje acordei às _________.

Hoje, dormirei às _________, e amanhã acordarei às _________.

⌛ Em 21 dias eu irei:

____

✅ Minha tarefa mais importante da semana é:

____

✅ Minha tarefa mais importante de hoje é:

____

✍️ Para cumpri-la, executarei ao menos estas três tarefas:　　　Feito?

1 – ____ ▢

2 – ____ ▢

3 – ____ ▢

💣 Duas distrações para minimizar hoje:

1 – ____

2 – ____

📈 Habilidades que preciso desenvolver:

____

____

Mural de ideias e sugestões:

1 – __________________________   6 – __________________________
2 – __________________________   7 – __________________________
3 – __________________________   8 – __________________________
4 – __________________________   9 – __________________________
5 – __________________________   10 – _________________________

HÁBITOS

	Feito?		Feito?
Leitura diária		Sugestão para reduzir despesas	
Poupança		Sugestão para aumentar a renda	
Reserva de emergência		Lista do desapego	
Orçamento doméstico		Investimentos	

SALDO BANCÁRIO   R$

PAGAMENTOS E DOAÇÕES		MINHAS RECEITAS	
Item	Valor	Item	Valor
	R$		R$
	R$		R$
	R$		R$
	R$		R$
	R$		R$
	R$		R$
	R$		R$
Total	R$	Total	R$

DIA 46

💤 ANÁLISE DO SONO

Na última noite, dormi às __________, e hoje acordei às _________.

Hoje, dormirei às __________, e amanhã acordarei às _________.

⌛ Em 20 dias eu irei:

____

✔ Minha tarefa mais importante da semana é:

____

✔ Minha tarefa mais importante de hoje é:

____

✎ Para cumpri-la, executarei ao menos estas três tarefas: _Feito?_

1 – ____ ☐

2 – ____ ☐

3 – ____ ☐

💣 Duas distrações para minimizar hoje:

1 – ____

2 – ____

📈 Habilidades que preciso desenvolver:

____

____

Mural de ideias e sugestões:

1 – ___________________________ 6 – ___________________________

2 – ___________________________ 7 – ___________________________

3 – ___________________________ 8 – ___________________________

4 – ___________________________ 9 – ___________________________

5 – ___________________________ 10 – __________________________

HÁBITOS

Leitura diária	Sugestão para reduzir despesas	
Poupança	Sugestão para aumentar a renda	
Reserva de emergência	Lista do desapego	
Orçamento doméstico	Investimentos	

SALDO BANCÁRIO   R$

PAGAMENTOS E DOAÇÕES		MINHAS RECEITAS	
Item	Valor	Item	Valor
	R$		R$
	R$		R$
	R$		R$
	R$		R$
	R$		R$
	R$		R$
	R$		R$
Total	R$	Total	R$

DIA 47

💤 ANÁLISE DO SONO

Na última noite, dormi às __________, e hoje acordei às __________.

Hoje, dormirei às __________, e amanhã acordarei às __________.

⏳ Em 19 dias eu irei:

____

☑ Minha tarefa mais importante da semana é:

____

☑ Minha tarefa mais importante de hoje é:

____

✍ Para cumpri-la, executarei ao menos estas três tarefas: *Feito?*

1 – ____ ▢

2 – ____ ▢

3 – ____ ▢

💣 Duas distrações para minimizar hoje:

1 – _______________________________________

2 – _______________________________________

📈 Habilidades que preciso desenvolver:

____

____

💡 Mural de ideias e sugestões:

1 –	6 –
2 –	7 –
3 –	8 –
4 –	9 –
5 –	10 –

HÁBITOS

Leitura diária

Poupança

Reserva de emergência

Orçamento doméstico

Sugestão para reduzir despesas

Sugestão para aumentar a renda

Lista do desapego

Investimentos

SALDO BANCÁRIO   R$

PAGAMENTOS E DOAÇÕES		MINHAS RECEITAS	
Item	Valor	Item	Valor
	R$		R$
	R$		R$
	R$		R$
	R$		R$
	R$		R$
	R$		R$
	R$		R$
Total	R$	Total	R$

DIA 48

DATA ___/___/_____

💤 ANÁLISE DO SONO

Na última noite, dormi às _________, e hoje acordei às _________.

Hoje, dormirei às _________, e amanhã acordarei às _________.

⏳ Em 18 dias eu irei:

____

✅ Minha tarefa mais importante da semana é:

____

✅ Minha tarefa mais importante de hoje é:

____

✍ Para cumpri-la, executarei ao menos estas três tarefas: *Feito?*

1 – ____

2 – ____

3 – ____

💣 Duas distrações para minimizar hoje:

1 – ____

2 – ____

📈 Habilidades que preciso desenvolver:

____

____

Mural de ideias e sugestões:

1 – _______________________   6 – _______________________
2 – _______________________   7 – _______________________
3 – _______________________   8 – _______________________
4 – _______________________   9 – _______________________
5 – _______________________   10 – ______________________

HÁBITOS

Leitura diária

Poupança

Reserva de emergência

Orçamento doméstico

Sugestão para reduzir despesas

Sugestão para aumentar a renda

Lista do desapego

Investimentos

SALDO BANCÁRIO   R$

PAGAMENTOS E DOAÇÕES		MINHAS RECEITAS	
Item	Valor	Item	Valor
	R$		R$
	R$		R$
	R$		R$
	R$		R$
	R$		R$
	R$		R$
	R$		R$
Total	R$	Total	R$

DIA 49

DATA ____/____/______

💤 ANÁLISE DO SONO

Na última noite, dormi às _________, e hoje acordei às _________.

Hoje, dormirei às _________, e amanhã acordarei às _________.

⏳ Em 17 dias eu irei:

____

✅ Minha tarefa mais importante da semana é:

____

✅ Minha tarefa mais importante de hoje é:

____

✏️ Para cumpri-la, executarei ao menos estas três tarefas: *Feito?*

1 – ____

2 – ____

3 – ____

💣 Duas distrações para minimizar hoje:

1 – ____

2 – ____

📈 Habilidades que preciso desenvolver:

____

____

Mural de ideias e sugestões:

1 – _________________________   6 – _________________________

2 – _________________________   7 – _________________________

3 – _________________________   8 – _________________________

4 – _________________________   9 – _________________________

5 – _________________________   10 – ________________________

HÁBITOS

Leitura diária

Poupança

Reserva de emergência

Orçamento doméstico

Sugestão para reduzir despesas

Sugestão para aumentar a renda

Lista do desapego

Investimentos

SALDO BANCÁRIO   R$

PAGAMENTOS E DOAÇÕES		MINHAS RECEITAS	
Item	Valor	Item	Valor
	R$		R$
	R$		R$
	R$		R$
	R$		R$
	R$		R$
	R$		R$
	R$		R$
Total	R$	Total	R$

PENSE NA APOSENTADORIA

*"A vitória aguarda aquele que tem tudo em ordem
– ou sorte, como as pessoas costumam dizer."*

ROALD AMUNDSEN

MILHÕES DE PESSOAS vivem um pesadelo. Passam por décadas de trabalho pensando no sonho de aproveitar momentos de segurança e conforto na aposentadoria que praticamente não existirão. Os motivos são diversos: gastam pensando que a vida é curta demais ou poupam como se durasse para sempre; sofrem golpes enormes em seus fundos de pensão; e a impactante realidade da nossa gente, que trabalha apenas para garantir o básico, não tendo condições de pensar no futuro.

Uma pergunta nos ocorre desde já: "O que faremos para garantir uma aposentadoria confortável?"

A receita contém três ingredientes: tempo, dinheiro e taxa de juros. Quanto mais se tiver de um deles, menos se precisará dos demais. Com o tempo a seu favor, não é necessário muito dinheiro. Faltando tempo, é necessário compensar com os demais.

É óbvio que essa é uma maneira simplifcada de pensar sobre a formação de uma carteira previdenciária. Há que se falar sobre apetite ao risco e fatores comportamentais. Ora, se somos jovens e solteiros, podemos assumir maiores riscos; se atingimos a meia idade, temos responsabilidades familiares e a relação "risco-retorno" deve ser avaliada com mais cuidado.

Deixo algumas lições importantes para iniciar – ou continuar com – o seu projeto de aposentadoria:

> **1** Faça um levantamento de todos os seus gastos anuais, levando em consideração seu estilo de vida atual. Retire alguns custos que você sabe que não terá na velhice, como pagamento de mensalidade escolar dos filhos ou financiamento imobiliário, e acrescente outros, que certamente serão mais caros no futuro, como plano de saúde ou

R$ 70000 – R$ 24000 = R$ 46000
Esse é o valor dos seus esforços poupadores que você precisará receber anualmente quando aposentado.

Fórmula dos 33 ou 3%

Qual seria a quantia de dinheiro adequada para se aposentar? Para calcular, usaremos a regra consevadora dos 33 ou 3%.
Se você deseja receber R$ 46 mil a mais por ano, deve muliplicar esse valor por 33. Por exemplo:
R$ 46000 × 33 = R$ 1 518 000
Isso quer dizer que, com R$ 1 518 000 investidos em aplicações financeiras com rentabilidade líquida de 3% ao ano, você poderá sacar R$ 46 mil por ano.

Fórmula dos 25 ou 4%

Você também pode usar uma fórmula menos conservadora. Usaremos o mesmo exemplo anterior:
R$ 46000 × 25 = R$ 1 150 000.
Esse montante gerará uma renda extra anual de R$ 46 mil a uma taxa de juros líquida de 4% ao ano.
A aposentadoria deverá ser o seu triunfo, um sonho realizado. Por isso, pense em um modelo de vida ideal, sinta antecipadamente esse prazer, estime um valor para isso e faça os aportes mensais necessários. Não sabe como fazer? Peça ajuda e considere investir em um plano de previdência privada.

DIA 50

DATA _____/_____/______

💤 ANÁLISE DO SONO

Na última noite, dormi às ___________, e hoje acordei às ___________ .

Hoje, dormirei às ___________, e amanhã acordarei às ___________ .

⏳ Em 16 dias eu irei:

____

☑ Minha tarefa mais importante da semana é:

____

☑ Minha tarefa mais importante de hoje é:

____

✎ Para cumpri-la, executarei ao menos estas três tarefas: *Feito?*

1 – ____

2 – ____

3 – ____

💣 Duas distrações para minimizar hoje:

1 – ____

2 – ____

📈 Habilidades que preciso desenvolver:

____

____

Mural de ideias e sugestões:

1 – _______________________   6 – _______________________
2 – _______________________   7 – _______________________
3 – _______________________   8 – _______________________
4 – _______________________   9 – _______________________
5 – _______________________   10 – ______________________

HÁBITOS

Leitura diária   Sugestão para reduzir despesas
Poupança   Sugestão para aumentar a renda
Reserva de emergência   Lista do desapego
Orçamento doméstico   Investimentos

SALDO BANCÁRIO   R$

PAGAMENTOS E DOAÇÕES		MINHAS RECEITAS	
Item	Valor	Item	Valor
	R$		R$
	R$		R$
	R$		R$
	R$		R$
	R$		R$
	R$		R$
	R$		R$
Total	R$	Total	R$

DIA 51

DATA ___/___/_____

ANÁLISE DO SONO

Na última noite, dormi às _______, e hoje acordei às _______ .

Hoje, dormirei às _______, e amanhã acordarei às _______ .

Em 15 dias eu irei:

____

Minha tarefa mais importante da semana é:

____

Minha tarefa mais importante de hoje é:

____

Para cumpri-la, executarei ao menos estas três tarefas:

Feito?

1 – ____

2 – ____

3 – ____

Duas distrações para minimizar hoje:

1 – ____

2 – ____

Habilidades que preciso desenvolver:

____

____

Mural de ideias e sugestões:

1 –	6 –
2 –	7 –
3 –	8 –
4 –	9 –
5 –	10 –

HÁBITOS

Leitura diária	Sugestão para reduzir despesas
Poupança	Sugestão para aumentar a renda
Reserva de emergência	Lista do desapego
Orçamento doméstico	Investimentos

SALDO BANCÁRIO   R$

PAGAMENTOS E DOAÇÕES		MINHAS RECEITAS	
Item	Valor	Item	Valor
	R$		R$
	R$		R$
	R$		R$
	R$		R$
	R$		R$
	R$		R$
	R$		R$
Total	R$	Total	R$

DIA 52

DATA _____/_____/_______

💤 ANÁLISE DO SONO

Na última noite, dormi às __________, e hoje acordei às __________.

Hoje, dormirei às __________, e amanhã acordarei às __________.

⏳ Em 14 dias eu irei:

____

✅ Minha tarefa mais importante da semana é:

____

✅ Minha tarefa mais importante de hoje é:

____

🖊 Para cumpri-la, executarei ao menos estas três tarefas: Feito?

1 – ____

2 – ____

3 – ____

💣 Duas distrações para minimizar hoje:

1 – ____

2 – ____

📊 Habilidades que preciso desenvolver:

____

____

💡 Mural de ideias e sugestões:

1 – _______________________   6 – _______________________
2 – _______________________   7 – _______________________
3 – _______________________   8 – _______________________
4 – _______________________   9 – _______________________
5 – _______________________   10 – ______________________

HÁBITOS

Leitura diária   Sugestão para reduzir despesas
Poupança   Sugestão para aumentar a renda
Reserva de emergência   Lista do desapego
Orçamento doméstico   Investimentos

💰 SALDO BANCÁRIO   R$

PAGAMENTOS E DOAÇÕES		MINHAS RECEITAS	
Item	Valor	Item	Valor
	R$		R$
	R$		R$
	R$		R$
	R$		R$
	R$		R$
	R$		R$
	R$		R$
Total	R$	Total	R$

DIA 53

DATA ____/____/______

💤 ANÁLISE DO SONO

Na última noite, dormi às __________, e hoje acordei às __________.

Hoje, dormirei às __________, e amanhã acordarei às __________.

⌛ Em 13 dias eu irei:

____

✅ Minha tarefa mais importante da semana é:

____

✅ Minha tarefa mais importante de hoje é:

____

✍ Para cumpri-la, executarei ao menos estas três tarefas: *Feito?*

1 – ____

2 – ____

3 – ____

💣 Duas distrações para minimizar hoje:

1 – ____

2 – ____

📈 Habilidades que preciso desenvolver:

____

____

💡 Mural de ideias e sugestões:

1 – _______________	6 – _______________
2 – _______________	7 – _______________
3 – _______________	8 – _______________
4 – _______________	9 – _______________
5 – _______________	10 – _______________

HÁBITOS

Leitura diária

Poupança

Reserva de emergência

Orçamento doméstico

Sugestão para reduzir despesas

Sugestão para aumentar a renda

Lista do desapego

Investimentos

💰 SALDO BANCÁRIO   R$

PAGAMENTOS E DOAÇÕES		MINHAS RECEITAS	
Item	Valor	Item	Valor
	R$		R$
	R$		R$
	R$		R$
	R$		R$
	R$		R$
	R$		R$
	R$		R$
Total	R$	Total	R$

DIA 54

💤 ANÁLISE DO SONO

Na última noite, dormi às __________, e hoje acordei às __________.

Hoje, dormirei às __________, e amanhã acordarei às __________.

⏳ Em 12 dias eu irei:

____

☑ Minha tarefa mais importante da semana é:

____

☑ Minha tarefa mais importante de hoje é:

____

✎ Para cumpri-la, executarei ao menos estas três tarefas: Feito?

1 – ____

2 – ____

3 – ____

💣 Duas distrações para minimizar hoje:

1 – ____

2 – ____

📈 Habilidades que preciso desenvolver:

____

____

Mural de ideias e sugestões:

1 – _______________________   6 – _______________________

2 – _______________________   7 – _______________________

3 – _______________________   8 – _______________________

4 – _______________________   9 – _______________________

5 – _______________________   10 – ______________________

HÁBITOS

	Feito?		Feito?
Leitura diária		Sugestão para reduzir despesas	
Poupança		Sugestão para aumentar a renda	
Reserva de emergência		Lista do desapego	
Orçamento doméstico		Investimentos	

SALDO BANCÁRIO   R$

PAGAMENTOS E DOAÇÕES		MINHAS RECEITAS	
Item	Valor	Item	Valor
	R$		R$
	R$		R$
	R$		R$
	R$		R$
	R$		R$
	R$		R$
	R$		R$
Total	R$	Total	R$

DIA 55

DATA ____/____/____

ANÁLISE DO SONO

Na última noite, dormi às __________, e hoje acordei às __________.

Hoje, dormirei às __________, e amanhã acordarei às __________.

Em 11 dias eu irei:

____

Minha tarefa mais importante da semana é:

____

Minha tarefa mais importante de hoje é:

____

Para cumpri-la, executarei ao menos estas três tarefas: Feito?

1 – ____

2 – ____

3 – ____

Duas distrações para minimizar hoje:

1 – ____

2 – ____

Habilidades que preciso desenvolver:

____

____

💡 Mural de ideias e sugestões:

1 – __________________	6 – __________________
2 – __________________	7 – __________________
3 – __________________	8 – __________________
4 – __________________	9 – __________________
5 – __________________	10 – __________________

HÁBITOS

Leitura diária

Poupança

Reserva de emergência

Orçamento doméstico

Sugestão para reduzir despesas

Sugestão para aumentar a renda

Lista do desapego

Investimentos

💰 SALDO BANCÁRIO   R$

PAGAMENTOS E DOAÇÕES		MINHAS RECEITAS	
Item	Valor	Item	Valor
	R$		R$
	R$		R$
	R$		R$
	R$		R$
	R$		R$
	R$		R$
	R$		R$
Total	R$	Total	R$

DIA 56

💤 ANÁLISE DO SONO

Na última noite, dormi às __________, e hoje acordei às __________.

Hoje, dormirei às __________, e amanhã acordarei às __________.

⏳ Em 10 dias eu irei:

____

✅ Minha tarefa mais importante da semana é:

____

✅ Minha tarefa mais importante de hoje é:

____

✒️ Para cumpri-la, executarei ao menos estas três tarefas: *Feito?*

1 – ____

2 – ____

3 – ____

💣 Duas distrações para minimizar hoje:

1 – ____

2 – ____

📈 Habilidades que preciso desenvolver:

____

____

Mural de ideias e sugestões:

1 – _______________________   6 – _______________________
2 – _______________________   7 – _______________________
3 – _______________________   8 – _______________________
4 – _______________________   9 – _______________________
5 – _______________________   10 – _______________________

HÁBITOS

	Feito?		Feito?
Leitura diária		Sugestão para reduzir despesas	
Poupança		Sugestão para aumentar a renda	
Reserva de emergência		Lista do desapego	
Orçamento doméstico		Investimentos	

SALDO BANCÁRIO   R$

PAGAMENTOS E DOAÇÕES		MINHAS RECEITAS	
Item	Valor	Item	Valor
	R$		R$
	R$		R$
	R$		R$
	R$		R$
	R$		R$
	R$		R$
	R$		R$
Total	R$	Total	R$

COMO EU POSSO CRIAR UM NEGÓCIO?

"Eu estou convencido de que metade do que separa os empreendedores bem-sucedidos dos não sucedidos é pura perseverança."

STEVE JOBS

UMA DAS MELHORES ideias de negócios é criar um produto ou prestar um serviço que só você pode vender. O que eu quero dizer com isso? Você tem experiências e conhecimentos que lhe são próprios, e alguém lá fora pode muito bem se beneficiar do que você tem a dizer ou fazer. Inicie um pequeno negócio de prestação de serviços ou produza algum tipo de informação de qualidade e apresente-os ao mundo, buscando sempre estabelecer uma relação de confiança com seu público.

Antes de escrever meu primeiro livro, eu costumava ensinar meus amigos a investirem no Tesouro Direto. Considerando essa experiência, pensei que se muita gente próxima de mim queria aprender, certamente muitas outras, distantes, também gostariam de adquirir esse conhecimento. Então escrevi meu primeiro livro, *Como investir no Tesouro Direto*. Publiquei na Amazon, e *voilà*! Não é que tinha muita gente interessada, mesmo?

Vejamos o que é preciso para começar:

1 – Comece com o que você possui.

Responda a essas perguntas para si mesmo:

Seus amigos sempre o chamam para resolver alguma coisa porque você sabe do assunto? Gosta de motocicletas? Solta pipa? Cozinha? Sabe se maquiar? Sabe se alimentar bem? Gosta de ler? Fazer exercícios? Só anda cheirosa ou cheiroso? Sabe cuidar de cachorros? Sabe formatar um computador? Pinta ou desenha? Joga videogame? Sabe organizar a casa? Já teve alguma grande ideia para resolver um problema? Sabe cuidar de plantas?

As possibilidades são infinitas. Olhe à sua volta e verá que a inspiração já está com você.

2 – Torne-se um especialista.

As pessoas compram produtos de quem consideram expert. Você não precisa saber tudo, apenas saber mais do que o seu público. Aperfeiçoe-se, estude, compre livros, faça cursos e entenda seu negócio.

3 – Crie seu primeiro produto ou serviço e o divulgue.

Veja dois exemplos de pessoas reais que usaram seu conhecimento para criar um negócio:

Luiz é um amigo meu que gostava de carros e decidiu usar essa paixão para lucrar. Ele procurou em sites de leilão um automóvel que estava sendo vendido bem abaixo do valor de mercado, e conseguiu arrematar. Ao mesmo tempo, negociou com o dono de uma oficina mecânica o arrendamento de um espaço e uso das ferramentas, e colocou uma pessoa de sua confiança para trabalhar na reforma do veículo. Mais tarde, vendeu o carro reformado com certo lucro e replicou essa estratégia a ponto de abrir sua própria oficina mecânica.

Ana trabalhava em uma loja de roupas que sempre fazia eventos para os clientes antes do lançamento de uma nova coleção. Certa vez, ela perguntou à proprietária se poderia levar um bolo e deixar na mesa de doces durante um desses eventos. Com a sugestão aceita, Ana preparou um de seus bolos e o deixou na loja para degustação dos clientes. Foi um sucesso! As pessoas queriam o contato da "confeitaria" em que o bolo foi encomendado. A partir de então, a "fábrica" caseira de Ana começou a funcionar a todo vapor, recebendo pedidos para aniversários, reuniões informais de empresas e festas.

DIA 57

💤 ANÁLISE DO SONO

Na última noite, dormi às __________, e hoje acordei às __________.

Hoje, dormirei às __________, e amanhã acordarei às __________.

⏳ Em 9 dias eu irei:

____

☑ Minha tarefa mais importante da semana é:

____

☑ Minha tarefa mais importante de hoje é:

____

✍ Para cumpri-la, executarei ao menos estas três tarefas: *Feito?*

1 – ____

2 – ____

3 – ____

💣 Duas distrações para minimizar hoje:

1 – ____

2 – ____

📈 Habilidades que preciso desenvolver:

____

____

Mural de ideias e sugestões:

1 – _______________________   6 – _______________________

2 – _______________________   7 – _______________________

3 – _______________________   8 – _______________________

4 – _______________________   9 – _______________________

5 – _______________________   10 – ______________________

HÁBITOS

Leitura diária   Sugestão para reduzir despesas

Poupança   Sugestão para aumentar a renda

Reserva de emergência   Lista do desapego

Orçamento doméstico   Investimentos

SALDO BANCÁRIO   R$

PAGAMENTOS E DOAÇÕES		MINHAS RECEITAS	
Item	Valor	Item	Valor
	R$		R$
	R$		R$
	R$		R$
	R$		R$
	R$		R$
	R$		R$
	R$		R$
Total	R$	Total	R$

DIA 58

DATA ____/____/______

💤 ANÁLISE DO SONO

Na última noite, dormi às __________, e hoje acordei às __________.

Hoje, dormirei às __________, e amanhã acordarei às __________.

⌛ Em 8 dias eu irei:

____

☑ Minha tarefa mais importante da semana é:

____

☑ Minha tarefa mais importante de hoje é:

____

✍ Para cumpri-la, executarei ao menos estas três tarefas: *Feito?*

1 – ____

2 – ____

3 – ____

💣 Duas distrações para minimizar hoje:

1 – ____

2 – ____

📈 Habilidades que preciso desenvolver:

____

____

Mural de ideias e sugestões:

1 – _______________	6 – _______________
2 – _______________	7 – _______________
3 – _______________	8 – _______________
4 – _______________	9 – _______________
5 – _______________	10 – _______________

HÁBITOS

	Feito?		Feito?
Leitura diária		Sugestão para reduzir despesas	
Poupança		Sugestão para aumentar a renda	
Reserva de emergência		Lista do desapego	
Orçamento doméstico		Investimentos	

SALDO BANCÁRIO   R$

PAGAMENTOS E DOAÇÕES		MINHAS RECEITAS	
Item	Valor	Item	Valor
	R$		R$
	R$		R$
	R$		R$
	R$		R$
	R$		R$
	R$		R$
	R$		R$
Total	R$	Total	R$

DIA 59

DATA ____ / ____ / ______

💤 ANÁLISE DO SONO

Na última noite, dormi às _________, e hoje acordei às _________ .

Hoje, dormirei às _________, e amanhã acordarei às _________ .

⌛ Em 7 dias eu irei:

____

✅ Minha tarefa mais importante da semana é:

____

✅ Minha tarefa mais importante de hoje é:

____

✏️ Para cumpri-la, executarei ao menos estas três tarefas: Feito?

1 – ____

2 – ____

3 – ____

💣 Duas distrações para minimizar hoje:

1 – ____

2 – ____

📈 Habilidades que preciso desenvolver:

____

____

💡 Mural de ideias e sugestões:

1 – _______________________ 6 – _______________________

2 – _______________________ 7 – _______________________

3 – _______________________ 8 – _______________________

4 – _______________________ 9 – _______________________

5 – _______________________ 10 – _______________________

HÁBITOS

Leitura diária

Poupança

Reserva de emergência

Orçamento doméstico

Sugestão para reduzir despesas

Sugestão para aumentar a renda

Lista do desapego

Investimentos

💰 SALDO BANCÁRIO   R$

PAGAMENTOS E DOAÇÕES		MINHAS RECEITAS	
Item	Valor	Item	Valor
	R$		R$
	R$		R$
	R$		R$
	R$		R$
	R$		R$
	R$		R$
	R$		R$
Total	R$	Total	R$

DIA 60

💤 ANÁLISE DO SONO

Na última noite, dormi às __________, e hoje acordei às __________ .

Hoje, dormirei às __________, e amanhã acordarei às __________ .

⏳ Em 6 dias eu irei:

____

✅ Minha tarefa mais importante da semana é:

____

✅ Minha tarefa mais importante de hoje é:

____

✒️ Para cumpri-la, executarei ao menos estas três tarefas: *Feito?*

1 – ____

2 – ____

3 – ____

💣 Duas distrações para minimizar hoje:

1 – ____

2 – ____

📊 Habilidades que preciso desenvolver:

____

____

💡 Mural de ideias e sugestões:

1 – _____________________	6 – _____________________
2 – _____________________	7 – _____________________
3 – _____________________	8 – _____________________
4 – _____________________	9 – _____________________
5 – _____________________	10 – ____________________

HÁBITOS

Leitura diária

Poupança

Reserva de emergência

Orçamento doméstico

Sugestão para reduzir despesas

Sugestão para aumentar a renda

Lista do desapego

Investimentos

💰 SALDO BANCÁRIO   R$

PAGAMENTOS E DOAÇÕES		MINHAS RECEITAS	
Item	*Valor*	*Item*	*Valor*
	R$		R$
	R$		R$
	R$		R$
	R$		R$
	R$		R$
	R$		R$
	R$		R$
Total	R$	*Total*	R$

DIA 61

☽ ANÁLISE DO SONO

Na última noite, dormi às _________, e hoje acordei às _________ .

Hoje, dormirei às _________, e amanhã acordarei às _________ .

⧗ Em 5 dias eu irei:

____

✓ Minha tarefa mais importante da semana é:

____

✓ Minha tarefa mais importante de hoje é:

____

✐ Para cumpri-la, executarei ao menos estas três tarefas: *Feito?*

1 – ____ ▨

2 – ____ ▨

3 – ____ ▨

☇ Duas distrações para minimizar hoje:

1 – ____

2 – ____

📊 Habilidades que preciso desenvolver:

____

____

Mural de ideias e sugestões:

1 – _______________________ 6 – _______________________
2 – _______________________ 7 – _______________________
3 – _______________________ 8 – _______________________
4 – _______________________ 9 – _______________________
5 – _______________________ 10 – ______________________

HÁBITOS

Leitura diária   Sugestão para reduzir despesas
Poupança   Sugestão para aumentar a renda
Reserva de emergência   Lista do desapego
Orçamento doméstico   Investimentos

SALDO BANCÁRIO   R$

PAGAMENTOS E DOAÇÕES		MINHAS RECEITAS	
Item	Valor	Item	Valor
	R$		R$
	R$		R$
	R$		R$
	R$		R$
	R$		R$
	R$		R$
	R$		R$
Total	R$	Total	R$

DIA 62

DATA ____/____/______

ANÁLISE DO SONO

Na última noite, dormi às ________, e hoje acordei às ________.

Hoje, dormirei às ________, e amanhã acordarei às ________.

Em 4 dias eu irei:

____

Minha tarefa mais importante da semana é:

____

Minha tarefa mais importante de hoje é:

____

Para cumpri-la, executarei ao menos estas três tarefas: Feito?

1 – ____

2 – ____

3 – ____

Duas distrações para minimizar hoje:

1 – ____

2 – ____

Habilidades que preciso desenvolver:

____

____

Mural de ideias e sugestões:

1 – _______________________   6 – _______________________
2 – _______________________   7 – _______________________
3 – _______________________   8 – _______________________
4 – _______________________   9 – _______________________
5 – _______________________   10 – ______________________

HÁBITOS

Leitura diária   Sugestão para reduzir despesas
Poupança   Sugestão para aumentar a renda
Reserva de emergência   Lista do desapego
Orçamento doméstico   Investimentos

SALDO BANCÁRIO   R$

PAGAMENTOS E DOAÇÕES		MINHAS RECEITAS	
Item	Valor	Item	Valor
	R$		R$
	R$		R$
	R$		R$
	R$		R$
	R$		R$
	R$		R$
	R$		R$
Total	R$	Total	R$

DIA 63

DATA ____/____/______

💤 ANÁLISE DO SONO

Na última noite, dormi às __________, e hoje acordei às __________.

Hoje, dormirei às __________, e amanhã acordarei às __________.

⧗ Em 3 dias eu irei:

____

✺ Minha tarefa mais importante da semana é:

____

✺ Minha tarefa mais importante de hoje é:

____

✎ Para cumpri-la, executarei ao menos estas três tarefas: *Feito?*

1 – ____

2 – ____

3 – ____

💣 Duas distrações para minimizar hoje:

1 – ____

2 – ____

📈 Habilidades que preciso desenvolver:

____

____

Mural de ideias e sugestões:

1 – ___________________________
2 – ___________________________
3 – ___________________________
4 – ___________________________
5 – ___________________________

6 – ___________________________
7 – ___________________________
8 – ___________________________
9 – ___________________________
10 – __________________________

HÁBITOS

Leitura diária

Poupança

Reserva de emergência

Orçamento doméstico

Sugestão para reduzir despesas

Sugestão para aumentar a renda

Lista do desapego

Investimentos

SALDO BANCÁRIO   R$

PAGAMENTOS E DOAÇÕES		MINHAS RECEITAS	
Item	Valor	Item	Valor
	R$		R$
	R$		R$
	R$		R$
	R$		R$
	R$		R$
	R$		R$
	R$		R$
Total	R$	Total	R$

"Sei o que é passar necessidade e sei o que é ter fartura. Aprendi o segredo de viver contente em toda e qualquer situação, seja bem alimentado, seja com fome, tendo muito, ou passando necessidade. Tudo posso naquele que me fortalece."

FILIENSES 4:12-13

NORMALMENTE LIGAMOS A riqueza ao dinheiro, e nesse ponto estamos enganados. Dinheiro é um elemento da riqueza financeira. Entretanto, existem outras formas igualmente importantes dessa característica: a riqueza intelectual, a amorosa, de saúde, de liberdade, a espiritual, entre inúmeras outras. Em resumo, dinheiro não é a solução. Precisamos de uma vida abundante.

Viver em abundância é estar pleno em todos os sentidos, a ponto de transbordar para os lados. Isso é, sigo princípios bíblicos e sou abençoado de tal maneira que chego a extrapolar os limites do meu ser e passo, então, a ser uma fonte de riqueza para o próximo. Pode ser que você discorde em alguns pontos do cristianismo, mas não totalmente. Por exemplo: podemos divergir sobre se devemos ser altruístas apenas com nossas famílias ou incluir todos ao nosso redor, mas não há dúvidas ao se dizer que egoísmo nunca foi alvo de admiração. Pode até ser que alguém considere o dinheiro a coisa mais importante que existe, mas ninguém quer ser a pessoa mais rica do cemitério.

Portanto, sejamos gratos pelo que Deus nos deu e incansáveis na caridade. Não falo isso para que nos contentemos com pouco – pelo contrário. Gratidão é um sentimento que nos deixa aptos a receber mais. Ora, se não somos gratos pelo que temos, por que seríamos se tivéssemos mais?

Decidi falar sobre esse assunto por ver muitas famílias que brigam por dinheiro. Não consigo imaginar uma vida feliz estando em constante atrito por razões financeiras. Quer uma dica? Se um amigo, irmão, tia ou qualquer outra pessoa com quem você se importe algum dia pedir dinheiro emprestado, não empreste. Doe. E se emprestou e não recebeu, perdoe. Um provérbio chinês diz que "sempre fica um cheiro de perfume nas mãos de quem oferece flores", e é a mais pura verdade.

Agradeça diariamente pela sua família, pelos simples prazeres da vida, pela saúde, por poder comer e andar ao ar livre. Ao mesmo tempo, reprograme suas convicções sobre dinheiro adquirindo uma mentalidade de crescimento. A maneira como você raciocina concebe sentimentos e comportamentos harmônicos com o que pensa, e isso nos leva a refletir que, quando sua mentalidade for próspera, atitudes prósperas a sucederão.

Seja a pessoa que você deseja ser.

DIA 64

DATA ____ / ____ / ______

💤 ANÁLISE DO SONO

Na última noite, dormi às __________, e hoje acordei às __________.
Hoje, dormirei às __________, e amanhã acordarei às __________.

⧗ Em 2 dias eu irei:

____

☑ Minha tarefa mais importante da semana é:

____

☑ Minha tarefa mais importante de hoje é:

____

✎ Para cumpri-la, executarei ao menos estas três tarefas: Feito?

1 – ____ ▢

2 – ____ ▢

3 – ____ ▢

💣 Duas distrações para minimizar hoje:

1 – ____

2 – ____

📈 Habilidades que preciso desenvolver:

____

____

Mural de ideias e sugestões:

1 – _______________________   6 – _______________________
2 – _______________________   7 – _______________________
3 – _______________________   8 – _______________________
4 – _______________________   9 – _______________________
5 – _______________________   10 – _______________________

HÁBITOS

Leitura diária

Poupança

Reserva de emergência

Orçamento doméstico

Sugestão para reduzir despesas

Sugestão para aumentar a renda

Lista do desapego

Investimentos

SALDO BANCÁRIO   R$

PAGAMENTOS E DOAÇÕES		MINHAS RECEITAS	
Item	Valor	Item	Valor
	R$		R$
	R$		R$
	R$		R$
	R$		R$
	R$		R$
	R$		R$
	R$		R$
Total	R$	Total	R$

DIA 65

DATA _____/_____/______

💤 ANÁLISE DO SONO

Na última noite, dormi às __________, e hoje acordei às __________ .

Hoje, dormirei às __________, e amanhã acordarei às __________ .

⏳ **Em 1 dia eu irei:**

____

☑ **Minha tarefa mais importante da semana é:**

____

☑ **Minha tarefa mais importante de hoje é:**

____

✎ **Para cumpri-la, executarei ao menos estas três tarefas:**   *Feito?*

1 – ____ ▢

2 – ____ ▢

3 – ____ ▢

💣 **Duas distrações para minimizar hoje:**

1 – ____

2 – ____

📊 **Habilidades que preciso desenvolver:**

____

____

💡 Mural de ideias e sugestões:

1 – _______________	6 – _______________
2 – _______________	7 – _______________
3 – _______________	8 – _______________
4 – _______________	9 – _______________
5 – _______________	10 – _______________

HÁBITOS

	Feito?		Feito?
Leitura diária		Sugestão para reduzir despesas	
Poupança		Sugestão para aumentar a renda	
Reserva de emergência		Lista do desapego	
Orçamento doméstico		Investimentos	

💰 SALDO BANCÁRIO   R$

PAGAMENTOS E DOAÇÕES		MINHAS RECEITAS	
Item	Valor	Item	Valor
	R$		R$
	R$		R$
	R$		R$
	R$		R$
	R$		R$
	R$		R$
	R$		R$
Total	R$	Total	R$

DIA 66

💤 ANÁLISE DO SONO

Na última noite, dormi às __________, e hoje acordei às __________.

Hoje, dormirei às __________, e amanhã acordarei às __________.

⌛ Hoje eu alcançei meu objetivo!

____

✔ Minha tarefa mais importante da semana é:

____

✔ Minha tarefa mais importante de hoje é:

____

✎ Para cumpri-la, executarei ao menos estas três tarefas: *Feito?*

1 – ____ ▢

2 – ____ ▢

3 – ____ ▢

💣 Duas distrações para minimizar hoje:

1 – ____

2 – ____

📈 Habilidades que preciso desenvolver:

____

____

Mural de ideias e sugestões:

1 – ________________________   6 – ________________________
2 – ________________________   7 – ________________________
3 – ________________________   8 – ________________________
4 – ________________________   9 – ________________________
5 – ________________________   10 – ________________________

HÁBITOS

	Feito?		Feito?
Leitura diária		Sugestão para reduzir despesas	
Poupança		Sugestão para aumentar a renda	
Reserva de emergência		Lista do desapego	
Orçamento doméstico		Investimentos	

SALDO BANCÁRIO   R$

PAGAMENTOS E DOAÇÕES		MINHAS RECEITAS	
Item	Valor	Item	Valor
	R$		R$
	R$		R$
	R$		R$
	R$		R$
	R$		R$
	R$		R$
	R$		R$
Total	R$	Total	R$

CONQUISTADA

PARTE III

MESTRE DO FUTURO

JORNADA

EU CONSEGUI!

PARABÉNS! VOCÊ CHEGOU ao final da sua jornada de 66 dias.

Essa página marca a transição entre sua vida antiga e sua nova vida. Você adquiriu uma base muito boa para continuar avançando e tomando as decisões financeiras certas. Em pouco mais de dois meses você tomou atitudes que até então eram evitadas a todo custo, mas agora viraram rotina. Crenças equivocadas foram superadas, sendo substituídas por bons hábitos e atitudes proativas em relação à riqueza. Agora você está muito mais bem preparado para alcançar seus objetivos e continuar se organizando financeiramente.

Responda internamente a essas perguntas e prossiga na missão:

Você é capaz de se lembrar de como eram suas atitudes em relação ao dinheiro antes dessa jornada?

O que mudou agora, e o que você ainda precisa mudar?

Que efeitos imprevistos você notou em sua vida
ao término da jornada?

Quais das atividades diárias você continuará fazendo
para não perder o que construiu?

As próximas páginas são destinadas ao cálculo dos indicadores financeiros após a conclusão da jornada. Esse será um importante demonstrativo para comprovar os resultados positivos de suas ações.

JORNADA

CUSTO DE VIDA MENSAL PÓS-JORNADA

DESPESAS FIXAS

R$ _________________ – Aluguel / Financiamento

R$ _________________ – Condomínio

R$ _________________ – Telefone

R$ _________________ – Outras prestações

R$ _________________ – Diarista / Mensalista

R$ _________________ – Plano de saúde

R$ _________________ – Estudos / Colégio / Faculdade

R$ _________________ – Seguros

R$ _________________ – Estacionamento

R$ _________________ – Internet / TV

R$ _________________ – Empréstimos consignados

R$ _________________ – _________________________________

R$ _________________ – _________________________________

R$ _________________ – _________________________________

R$ _________________ – _________________________________

R$ _________________ – _________________________________

R$ _________________ – _________________________________

R$ _________________ – _________________________________

R$ _________________ – _________________________________

R$ _________________ – **TOTAL**

DESPESAS VARIÁVEIS

R$ _________________ – Cartão de crédito

R$ _________________ – Luz

R$ _________________ – Água

R$ _________________ – Gás

R$ _________________ – Supermercado / Feira

R$ _________________ – Medicamentos

R$ _________________ – Combustível / Transportes

R$ _________________ – Cabeleireiro / Barbeiro / Manicure

R$ _________________ – Academia

R$ _________________ – Restaurantes

R$ _________________ – Cinema / Teatro

R$ _________________ – Vestuário

R$ _________________ – Presentes

R$ _________________ – Viagens

R$ _________________ – _________________________________

R$ _________________ – _________________________________

R$ _________________ – _________________________________

R$ _________________ – _________________________________

R$ _________________ – _________________________________

R$ _________________ – _________________________________

R$ _________________ – _________________________________

R$ _________________ – **TOTAL**

CALCULE SUAS RECEITAS MENSAIS

R$ ________________ – Saldo do mês anterior

R$ ________________ – Salário / Pensão

R$ ________________ – Aluguel

R$ ________________ – Hora extra

R$ ________________ – Férias

R$ ________________ – 13° salário

R$ ____________ – ____

R$ ____________ – ____

R$ ____________ – ____

R$ ____________ – ____

R$ ____________ – ____

SALDO MENSAL DIA 66

Saldo = Receitas – Despesas fixas – Despesas variáveis

Receitas ____________ R$ ________________________________

Despesas fixas ________ R$ ________________________________

Despesas variáveis ____ R$ ________________________________

Saldo mensal ________ **R$** ________________________________

MURAL DA JORNADA FINANCEIRA

Saldo mensal dia 1

R$

$\longrightarrow$

Saldo mensal dia 66

R$

Índice de Endividamento dia 1

IE dia 1

$\longrightarrow$

Índice de Endividamento dia 66

IE dia 66

Saldo na poupança dia 1

R$

$\longrightarrow$

Saldo na poupança dia 66

R$

⚑ Rastreador de hábitos: marque no quadrado se você praticou algum hábito pelo menos uma vez durante cada uma das semanas.

Hábitos	Semana	1	2	3	4	5	6	7	8	9	10
Leitura diária											
Poupança											
Reserva de emergência											
Orçamento doméstico											
Sugestão para reduzir despesas											
Sugestão para aumentar a renda											
Lista do desapego											
Investimentos											
Saldo bancário											

SUGESTÃO PARA PRESENTE

Se você chegou até aqui, é porque avançou muito desde que começou essa jornada, há mais de dois meses. Você deve estar muito orgulhoso, não é mesmo?

Se você acredita que essa conquista teve algum impacto positivo na sua vida, eu gostaria de propor que você presenteie, com este livro, aquela pessoa por quem tem um carinho especial e você sabe que irá se beneficiar com o método aqui proposto.

Presentear alguém com este livro é uma maneira de demonstrar gratidão pelo que aprendeu e ser uma fonte de riqueza para o próximo. E, se você decidir fazer isso, deixo aqui o meu muito obrigado.

Ao seu sucesso,

Billy Imperial

RECURSOS ON-LINE

Este livro possui uma planilha para orçamento doméstico mensal, planilha para controle de investimentos e outras folhas de trabalho que podem ser impressas para facilitar sua jornada em busca de uma vida financeira mais equilibrada.

O download pode ser feito através do seguinte link:

www.40habitosfinanceiros.com.br/leitores

COMO ESTA JORNADA FOI CRIADA

Esta jornada foi elaborada na forma de um diário. Eu a desenvolvi me baseando nas dificuldades que os leitores alegaram enfrentar quando tentam organizar suas finanças, nas minhas próprias experiências e conhecimento, artigos, estudos publicados, livros e informações relevantes que encontrei em minhas pesquisas.

É difícil assegurar quais partes estão ligadas a quais fontes, mas farei meu melhor.

ALBALAT, Antoine. A Arte de Escrever: Em 20 Lições. E-book. Campinas: Vide Editorial.

BABAUTA, L. Zen Habits [Online]. 2020. Disponível em <https://zenhabits.net>. Acesso a 23 de maio de 2020.

BRASIL. Lei nº 1.521, de 26 de dezembro de 1951. Altera dispositivos da legislação vigente sobre crimes contra a economia popular. Rio de Janeiro, 1951. Disponível em <http://www.planalto.gov.br/ccivil_03/leis/l1521.htm>. Acesso a 12 de maio de 2020.

COMISSÃO DE VALORES MOBILIÁRIOS (CVM). Portal do Investidor. Série CVM Comportamental. Disponível em <www.investidor.gov.br/publicacao/ ListaCVMComportamental.html>. Acesso a 29 de abril de 2020.

COMISSÃO DE VALORES MOBILIÁRIOS (CVM). Portal do Investidor. Série TOP: Planejamento Financeiro Pessoal. Disponível em <https://www.investidor.gov.br/publicacao/LivrosCVM.html#PlanejamentoFinanceiro>. Acesso a 29 de abril de 2020.

COVEY, Stephen R; MERRIL, A. Roger; MERRIL, Rebeca. Primeiro o mais importante. Rio de Janeiro: Sextante, 2017.

DUHIGG, Charles. O Poder do Hábito: Por que fazemos o que fazemos na vida e nos negócios. 1ª ed. Rio de Janeiro: Objetiva, 2012.

HILEL, O ANCIÃO. Wikipédia. Disponível em <https://pt.wikipedia.org/wiki/Hilel,_o_Ancião>. Acesso a 28 de maio de 2020.

IMPERIAL, Billy. Como Investir na Previdência Privada: aprenda a planejar a sua aposentadoria agora para não precisar trabalhar daqui a 30 anos. E-book. 1ª ed., 2017.

KIM, W. Cham; MAUBORGNE, Renée. A Estratégia do Oceano Azul: Como criar novos mercados e tornar a concorrência irrelevante. 28ª reimpressão. Rio de Janeiro: Elsevier, 2005.

LALLY, Phillippa et al. How are habits formed: Modelling habit formation in the real world. European Journal of Social Psychology, v. 40, n. 6. P. 998-1009. 2010. Disponível em <https://onlinelibrary.wiley.com/doi/full/10.1002/ejsp.674>. Acesso a 29 de abril de 2020.

LEWIS, C.S. Cristianismo puro e simples. 1ª ed. Rio de Janeiro: Thomas Nelson Brasil, 2017.

MEREL, R. Tour de France, a Teoria dos Ganhos Marginais e o que a propaganda tem a ver com isso. Disponível em <https://medium.com/@rafaelmerel/tour-de-france-a-teoria-dos-ganhos-marginais-e-o-que-a-propaganda-tem-a-ver-com-isso-b1fb0de862bd>. Acesso a 23 de maio de 2020.

PLANEJAR – ASSOCIAÇÃO BRASILEIRA DE PLANEJADORES FINANCEIROS. Disponível em <https://www.planejar.org.br> . Acesso a 29 de abril de 2020.

SENGE. Peter M. A Quinta Disciplina: A Arte e a Prática da Organização que Aprende. 29ª ed. Rio de Janeiro: Best Seller, 2013.

SERASA. Agora dá pra negociar suas dívidas e também de sua empresa. Disponivel em <https://www.serasa.com.br/limpa-nome-online/> Acesso a 23 de maio de 2020.

TALEB. Nassin Nicholas. Iludidos Pelo Acaso: A Influência da Sorte nos Mercados e na Vida. E-book. 1ª ed: Objetiva, 2019.

TEOREMA DE COASE. Wikipédia. Disponível em <https://pt.wikipedia.org/wiki/Teorema_de_Coase> Acesso a 23 de maio de 2020.

UNIVERSITY OF PRINCE EDWARD ISLAND. About L. M. Montgomery. Disponível em <https://www.lmmontgomery.ca/about/lmm/her-life>. Acesso a 12 de maio de 2020.

OUTROS LIVROS DE BILLY IMPERIAL

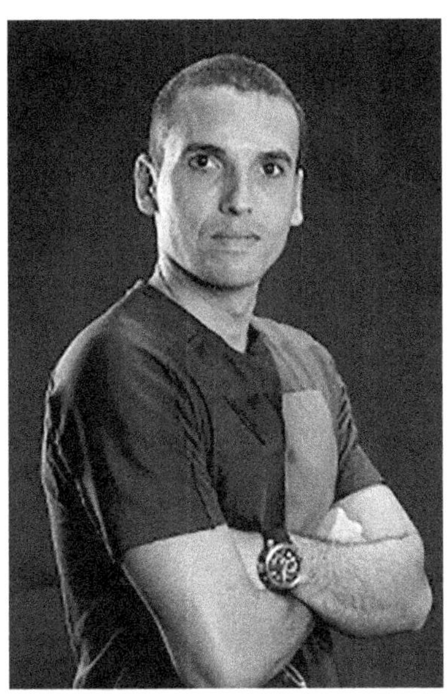

BILLY C. IMPERIAL BENINCÁ

Formado em Administração de Empresas pela Universidade Federal do Pará e autor independente best-seller na Amazon. Nasceu em Cachoeiro do Itapemirim – ES e mora no Rio de Janeiro com sua esposa. Seu foco é ajudar o maior número de pessoas possível a atingir suas metas financeiras pessoais.

Este livro foi composto em Skolar
e Skolar Sans (textos) e Cheap Pine
(títulos) em agosto de 2020.